Dekorieren
Ideen für alle Jahreszeiten

Heidi Grund-Thorpe

Dekorieren

Ideen für alle Jahreszeiten

Gesamtproducing: Grund-Thorpe-Design
Autorin: Heidi Grund-Thorpe
Redaktion: Cornelia Osterbrauck
Fotos: Bildarchiv Medienprojekte München
Covergestaltung: Marlies Müller

ISBN 3-8331-9913-x

Printed in China

Vorwort

Jede Jahreszeit hat einen ihr eigenen Charakter, und so, wie sich die innere Uhr auf die verschiedenen Jahreszeiten einstellt, so ändert sich auch das eigene Verhalten und die Stimmungen mit ihnen.

Am Jahresanfang lockt der Frühling mit seinen frischen Farben in die Natur. Dann erfreuen die ersten Blättchen einer Birke, die Spitzen der Krokusse und der Narzissen das Herz ebenso wie jeder noch so kleine Sonnenstrahl.

Im Sommer zieht die Sonne die Menschen ins Freie, egal ob in den Garten, auf den Balkon oder ans Wasser. Rundum dominieren die Farben Blau, Violett und Rosa, die im Spätsommer immer blasser werden.

Der Herbst gibt noch einmal alles, was er an Farben und Schönheit aufbringen kann, so als würde sich die Natur mit Pauken und Trompeten verabschieden, damit sie gut in Erinnerung bleibt.

Am Ende des Herbstes und im Winter ziehen sich die meisten Menschen in die kuschelige Wohnung zurück, die gemütlich und beschützend, fast schon wie eine Höhle wirken darf.

Um die Jahreszeiten in Ihre Wohnung zu holen, finden Sie in diesem Buch viele kleine, selbst angefertigte Accessoires. Außerdem werden mit Vorschlägen für Tischdekorationen die Feste im Jahreslauf gefeiert. Häufig sind die Dekorationen ganzjährig zu verwenden, ganz nach Ihrem persönlichen Belieben. Lassen Sie sich einfach inspirieren, und spielen Sie mit selbst gemachten Accessoires – dies wird Ihnen sicherlich viel Freude bereiten.

Frühlings-Erwachen

Frühling lässt sein

blaues Band

wieder flattern durch

die Lüfte.

Eduard Mörike

Lebendige Familienräume

In Wohnräumen möchte man sich zu Hause fühlen, egal, wie gut es einem auch woanders gefällt. Gut gestaltete Räumlichkeiten bieten eine optimale Grundlage, mit verschiedenen Dekorationen den Lauf der Jahreszeiten in der direkten Umgebung widerzuspiegeln. Mittelpunkt der Familiengespräche, aber auch Treffpunkt für Freunde bei kleineren und großen Feiern, ist der Esstisch. Die Wände im hellen Graugrün bilden einen ruhigen, aber freundli-

chen Rahmen für Dekorationen jeder Art. Durch Fenster an zwei Seiten ist das Zimmer lichtdurchflutet bis hin zum offen angrenzenden Wohnraum. Sie bieten viel Platz zur Gestaltung auf den Fensterbänken.
Schlichte, cremefarbene Vorhänge und die Essstühle im gleichen Ton wirken elegant und sind ein farblicher Kontrast zu den hellen Naturholzmöbeln. Das Licht strömt herein und taucht alles in eine warme und freundliche Atmosphäre.

Wohnraum als Ruheinsel

Der Wohnraum ist die Fortsetzung des Esszimmers und lädt zum Entspannen ein. Auch hier strahlt das Licht durch Fenster von allen Seiten, und man hat freie Sicht auf den großzügigen Garten und die Terrasse.

Die Wände sind hier in einem hellen Graubeige gestrichen, die Polster und Jalousien sowie der Teppich sind in gebrochenem Weiß gehalten, das das eintretende Licht optimal reflektiert. Tisch und Regal bieten Ablageflächen für

Hobby und Dekoration.
Die Anrichte wirkt im Zusammenspiel mit dem Fenster wie eine Vitrine und lässt das Ganze großzügig und durchdacht wirken.
Tische und Fenster, aber auch die Sitzmöbel werden im Laufe des Buches immer wieder neu dekoriert. Sie werden den Farben der Jahreszeit angepasst oder vom Stil her auf die unterschiedlichen Anlässe abgestimmt.
Wir beginnen im frühen Frühjahr, wo alles erwacht, tauchen im Sommer alles in blaues Licht, schwelgen im Herbst in warmen Erdfarben und gestalten den Winter und die Weihnachtszeit zurückhaltend, aber elegant.

Wohlige Gemütlichkeit

Kuschelig und elegant wirken die Blumenkissen aus Wollfilz in Naturweiß, Kamelfarben und Nougatbraun. Genießen Sie einen gemütlichen Nachmittag auf dem Sofa, ein gutes Buch und eine Tasse Tee und lassen Sie sich in die weichen Kissen sinken.

Die Blüten sind dauerhaft, und selbst für absolute Nähanfänger kinderleicht umzusetzen. Ihre Nähmaschine näht die Nähte fast von selbst, der Rest ist Schneidearbeit. Die Blüten sticken Sie von Hand im Knötchenstich (S. 15) auf, und selbst der ist ganz einfach zu bewerkstelligen.

Anleitung für die Kissen Schneiden Sie für das große Kissen die Vorderseite (55 x 55 cm), je zwei Rückseiten (30 x 55 cm) zu, für das wollweiße Kissen 50 x 50 cm und zweimal je 30 x 50 cm, für das längliche Kissen 55 x 40 und zweimal je 25 x 40 cm zu. Markieren Sie auf allen Kissenvorderseiten mit Schneiderkreide einen 5 cm breiten Rand. Schneiden Sie die Blütenblätter und Blütenmitten mit Hilfe der Vorlage S. 164 mehrmals aus allen drei Filzfarben aus. Sie benötigen pro Blüte jeweils zwei bis drei Blütenblätter und eine Blütenmitte. Ordnen Sie die Blüten auf den Kissenvorderseiten an und stecken Sie sie mit Stecknadeln fest. Sticken Sie mit wollweißem Wollgarn mehrmals locker verteilt den Knötchenstich auf die Mitte jeder Blüte. Sind alle Blüten fixiert, legen Sie die beiden Rückseiten so weit übereinander, dass Sie dem jeweiligen Format der Vorderseite entsprechen. Stecken und heften Sie die Vorder- auf die Rückseite, und steppen Sie von der Vorderseite her entlang der Randmarkierung die Kissen aufeinander.

Knötchenstich Von hinten nach vorne ausstechen, den Faden drei- bis viermal um die Nadelspitze wickeln, und dicht

neben der Ausstichstelle wieder einstechen. Ziehen Sie den Faden nach hinten, bis das Knötchen auf dem Stoff aufliegt.

Beschwingte Ausblicke

Die Welt erwacht aus dem Winterschlaf, die Farben werden heller und von Tag zu Tag freundlicher. Ein vielleicht nicht so schöner Ausblick wirkt freundlicher, wenn Sie einen halbtransparenten Vorhang locker davor drapieren, der farbenfroh mit Libellen in verschiedenen Pastelltönen geschmückt ist.

Die Libellen genießen die belebende Frühlingssonne aber durchaus auch gerne auf Blumensträußen und diversen Grünpflanzen auf dem Fensterbrett.

Anleitung für die Libellen Pro Libelle benötigen Sie 50 cm Tüllschleifenband mit drahtverstärkten Kanten in etwa 3 cm Breite, außerdem dünnen silberfarbenen Bindedraht. Legen Sie den Anfang des Bandes dreifach in etwa 12 cm Breite übereinander, der Schleifenanfang liegt dabei in der Mitte. Nun umwickeln Sie mit dem Bindedraht fest die Mitte. Den Anfang des Drahtes ca. 5 cm für einen Haken stehen lassen. Führen Sie dann das Schleifenband etwa 3 cm nach oben und hinten (für den Kopf) und fixieren Sie es erneut unter der Schleifenmitte mit dem Bindedraht. Verknoten Sie das Schleifenband (etwa 4 – 5 cm) unter den Wicklungen fünf- bis sechsmal über dem Draht, und schneiden Sie das Band und den Draht ab.

Romantische Hornveilchen

Hornveilchen sind beliebte Frühjahrsblüher, die sich auch auf dem Fensterbrett wohlfühlen. Zur Gestaltung dieser Gruppe benötigen Sie eine Wasserschale mit drei Töpfchen aus Terrakotta – sowie rosé-, vanillefarbenen und lichtblauen Acryllack, einen Flachpinsel, Blumenbildchen fürs Poesiealbum zum Aufkleben und weißes Papier zum Beschriften. Streichen Sie die Töpfe und die Schale in den Pastellfarben; Lila können Sie dabei aus Rosé und Hellblau mischen. Schneiden Sie kleine Rechtecke, beschriften Sie diese mit Gedichtversen, und kleben Sie sie mit den Blumenbildchen auf die bepflanzten Töpfe.

Sanfte Töne

Mit zarten Pastellfarben fängt an einem Wintermorgen, aber auch zum Frühlingsanfang, der Tag stimmungsvoll an. Müslischalen in passenden Farbtönen, aber natürlich auch schlicht in Weiß, harmonieren perfekt zu den Tischsets. Der Saftkrug in Flieder macht Appetit auf den Tag.

Die Tischsets sind aus 4 mm dickem Wollfilz mit einem Durchmesser von etwa 30 cm geschnitten. Am einfachsten zeichnen Sie die Kreise mit einer Tortenplatte oder einem Platzteller auf die Rückseite mit Schneiderkreide auf. Sind die Kreise ausgeschnitten, nehmen Sie verschieden große Gegenstände mit etwa 6 bis 10 cm Durchmesser, zum Beispiel Trinkgläser oder Tassen, und zeichnen damit auf den Rückseiten jeweils drei Kreise auf die Filzplatten. Legen Sie nun die Filzplatten auf eine schnittfeste Unterlage, und schneiden Sie auf den markierten Kreisen 8 bis 12 kurze, etwa 3 bis 5 mm lange Schnitte in den Filz. Das geht am besten mit einem scharfen Cutter. Zum Abschluss schneiden Sie ein kleines Kreuz als Mittelpunkt oder versetzten Mittelpunkt in den Kreis. Fädeln Sie pro Blüte ein ca. 60 bis 80 cm

langes Schleifenband oder eine Kordel in eine dicke stumpfe Stopfnadel. Stechen Sie aus dem Kreuz im Kreis aus, und ziehen Sie das Band soweit durch, dass auf der Rückseite ungefähr 8 cm hängen bleiben. Führen Sie die Nadel zu einem Schnitt auf dem Kreis, stechen Sie zur Rückseite, und achten Sie beim Durchziehen darauf, dass das Band glatt auf der Filzoberfläche aufliegt. Erneut im Mittelkreuz ausstechen, und den Vorgang so oft wiederholen, bis alle Schnitte auf dem Kreis gestickt sind. Die Bänder auf der Rückseite verknoten und mit einem Tropfen Textilkleber fixieren.

Der Frühling erwacht mit frischen Farben

Die ersten Frühlingsknospen sind an Bäumen und Sträuchern zu sehen, es ist, als würde die Welt neu erwachen. Die Sonne bringt alles zum Strahlen, und natürlich möchten Sie auch Ihre Wohnung mit ersten Farbtupfern schmücken. Sollten Sie den Naturton des Spätwinters bevorzugen, dann sind die Aufbewahrungsdosen mit Spitze eine schnelle, aber effektvolle Dekoration. Die Schachteln erhalten Sie im Bastelladen, der Grundton ist hellbraun oder naturfarben. Spitzen- und Bänderreste fixieren Sie mit Sprühkleber, den Sie auf die Rückseite der Spitze aufsprühen, als Streifen- oder Alloververzierung auf dem Dosenunterteil und -deckel. Befestigen Sie die Streifenenden auf den Innenseiten.

Farbige Flaschen gestalten Sie mit Ihren Wunschfarben selbst. Waschen Sie die Flaschen sehr heiß und mit Spülmittel aus, und lassen Sie sie gut trocknen. Gießen Sie Porzellanfarbe hinein, kippen Sie die Flasche auf die Seite. Nun lassen Sie die Farbe langsam wieder herauslaufen, während Sie die Flasche drehen. So gelangt

die Farbe rundum an die Innenwände. Nach dem Trocknen den Färbevorgang eventuell noch einmal wiederholen, danach die Farbe im Backofen wasserfest einbrennen. Die Milchflaschen haben einen Rand mit dunkelbrauner Porzellanfarbe, der nach dem Trocknen, aber vor dem Brennen aufgetragen wird.

Auch die Jalousie schwelgt in Farben: Legen Sie verschieden breite und farbige, karierte und gepunktete Schleifenbänder von oben nach unten um die Jalousie, und binden Sie sie am unteren Rand zu lockeren Schleifen. Sie benötigen pro Band die doppelte Höhe der Jalousie plus 100 cm für die Schleifen.

Frühlingkranz in Dottergelb

Wie ein Stillleben, das die Natur selbst geschaffen hat, wirkt der Kranz aus Ästen, Blüten und Eierschalen. Sie benötigen einen Kranz aus Holzstücken, den Sie im Blumen- oder Bastelladen erhalten. Damit die Blüten der gelben Ranunkeln und violetten Freesien nicht gleich welk werden, stecken Sie jeweils einen kurz geschnittenen Stiel in ein kleines Stück gewässertes Steckmoos, um das Sie Klarsichtfolie wickeln, die wiederum mit kleinen Plattenmoosstücken verdeckt wird. Das Moos fixieren Sie mit dünnem grünen Bindedraht. Stecken Sie die Blütenstiele in die Hohlräume zwischen den Ästen. Wachteleierschalen, teils gebrochen, teils intakt, fixieren Sie mit Heiß- oder Bastelkleber auf den abgesägten Ästen des Kranzes.

Patchwork-Tulpen

Die Tulpen leuchten, als hätte die Sonne ihnen selbst die Farbe geschenkt. Jedes Blütenblatt ist aus zwei verschiedenen Stoffen in Gelb-Orange-Tönen genäht, die Vorlage für Blüte und Blatt finden Sie auf Seite 164.

Anleitung Blüten und Blätter Übertragen Sie die Vorlage für die Blütenblätter S. 164 zehnmal auf verschiedene Stoffe, außerdem einmal auf dünnes Volumenvlies. Für die Blätter die Vorlage je zweimal auf grünen Stoff und einmal auf Volumenvlies übertragen. Alle Teile ausschneiden und das Vlies auf Blüten und Blätter der linken Stoffseiten aufbügeln. Dann die übrigen Blüten und Blätter rechts auf rechts auf die Stoffseiten legen und eine 0,5 cm breite Naht steppen, dabei die unteren Kanten offen lassen. Die Blüten und Blätter wenden und bügeln. Je fünf Blütenblätter schuppenartig nebeneinander legen und um das Ende eines stärkeren Blumendrahtes legen. Fest am unteren Rand mit dünnem Bindedraht umwickeln. Ein schmales Schleifen- oder Stoffband über die Drahtwicklungen und weiter um den Draht als Stiel wickeln. Am Stielende, dessen Länge Sie nach Bedarf selbst bestimmen, das Blatt der Tulpe ebenfalls mit dem Band fixieren. Das Ende des Bandes mit einem Klebepunkt fixieren und abschneiden.

Anleitung Hühner Die Hühner sind in drei verschiedenen Größen genäht, die Schemazeichnung finden Sie auf Seite 165. Die Zahlen in den Klammern sind die Zentimeterangaben für die nächste Größe. Für die Beine benötigen Sie pro Huhn etwa 20 cm Kordel oder geflochtene Zöpfe aus verschiedenfarbigen Garnen. Die „Schwanzfedern“ bestehen aus mehreren, ungefähr 10 cm langen Garnfäden, die miteinander verknotet sind. Pro Schnabel ein 5 x 5 cm bzw. 6 x 6 cm großes Stoffquadrat in Kontrastfarbe schneiden. Falten Sie das Quadrat quer zur Hälfte, die Bruchkante bügeln. Nun die seitlichen Ecken an der Bruchkante zur Mitte nach unten falten, sodass ein Dreieck entsteht, auch diese Bruchkanten bügeln. Klappen Sie nun die beiden Schrägen an den Seiten aufeinander, und bügeln Sie auch diese Bruchkante. Die letzte Bruchkante bildet die Oberkante des Schnabels, die offenen Stoffkanten verschwinden in der „Bauchnaht“. Schneiden Sie die Rechtecke nach den Maßangaben aus, und legen Sie die Kanten „x auf x“ und „o auf o“ mit der rechten Stoffseite aufeinander. In den Bruch der Kante x schieben Sie den Schnabel, die Spitze ist nach innen gerichtet, auf die andere Kante die Schwanzfeder. Steppen Sie die Nähte x und o jeweils 0,5 cm breit. Den Körper wenden und mit Füllwatte locker ausstopfen. Die Kanten „a auf a“ und „b auf b“ mit eingeschlagenen Nahtzugaben von Hand zusammen nähen, dabei die Beine mit einnähen. Kleine Perlen als Augen aufnähen, außerdem einen Faden zum Aufhängen am Rücken fixieren.

Hühner im Haus

Ganz verdattert sitzt das Huhn auf dem Teller, und wundert sich, woher das Ei wohl kommt. Die Hühnerschar mit buntem Gefieder gesellt sich aber auch gerne zwischen Äste und Zweige Ihrer Zimmerpflanzen, wo sie sitzend oder hängend, einen gemütlichen Plausch halten.

Die Stofftulpen ergänzen farblich perfekt das Huhn auf dem Frühstücksteller. Als „Topfpflanzen“ ergeben Sie ein farbliches Gesamtbild in Ihrer Gestaltung des Wohnraumes.

Gelb wie die Sonne

Die Frühstücksbrötchen werden in Quadrate aus karierten und gestreiften gelb-weißen Stoffen eingebunden und überall auf dem Tisch verteilt. Schneiden Sie die Stoffe 35 x 35 cm groß mit der Zackenschere aus, und binden Sie die Beutel mit gelbem Schleifenband zusammen. Sie können mit den „Paketen" auch die Frühstücksteller verzieren.

Hahn und Henne schauen interessiert vom Fensterbrett aus zu, dort stehen sie in einem Heunest, das von einem gelben Tulpenstrauß flankiert wird.

Das äußerst kunstvoll gestaltete Straußenei steht auf einem Sockel aus Holz. Damit es nicht kippt, kleben Sie die Unterseite des Eies in einen Holz- oder Gardinenring. Ei und Sockel lassen sich ganz einfach mit Farben und Servietten-Technik (siehe Anleitung Tablett Seite 28) gestalten. Ranken aus Zimmerefeu winden sich um die Ei-Unterseite, und verdecken geschickt den Standring. Drapieren Sie die Efeuranke mehrfach um den Sockel.

Osterfrühstück – elegant und unbeschwert

Die Servietten werden mit einer breiten gelben Schleife umbunden – und eine Tulpe aus Karton als Platzkärtchen hineingesteckt. Ein luftiger Eierkorb aus Draht bietet verschwenderisch die gefärbten Eier an, die farblich auf die andere Dekoration abgestimmt sind. Im übrigen Jahr steht er in der Küche mit frischen Eiern auf dem Fensterbrett (Anleitung Seite 29). Tischbänder, Eier und Karte sind einheitlich mit Tulpen in Servietten-Technik verziert. Buchsbaumzweige verbinden in der Tischmitte die einzelnen Elemente harmonisch.

Anleitung Krakelier- und Servietten-Technik Um einen Untergrund wie das Tablett in Krakelier-Technik zu bearbeiten, brauchen Sie mittel- bis dunkelbraunen Acryllack für den Untergrund, mit dem dieser vollständig gestrichen wird. Nach dem Trocknen wird eine Schicht Krakelierlack darüber aufgetragen; auch diesen trocknen lassen. Die letzte Lackschicht ist naturfarbener Acryllack, der automatisch Risse bildet.

Nun werden für die Servietten-Technik die Motive aus der Serviette dicht am Rand ausgeschnitten, und die oberste Lage der Serviette vorsichtig mit einem Finger abgelöst. Ordnen Sie die Motive probeweise von einer Ecke ausgehend auf dem Untergrund an. Dafür können Sie die Motive auch noch passend zurechtschneiden. Streichen Sie mit Serviettenlack und einem Flachpinsel vorsichtig über die Motive, dabei die Falten und Blasen ausstreichen. Zum Schluss nach Belieben das ganze Tablett farblos lackieren. Stoffe mit Servietten-Technik können gewaschen werden, ebenso Porzellan und Gläser.

Drahtkorb für Eier oder Obst

Maschendraht kaufen Sie im Baumarkt von der Rolle in 90 cm Breite. Sie benötigen einen Streifen 90 x 20 cm für den Rand, der Boden ist 22 x 18 cm groß, und der Tragegriff etwa 70 x 7 cm(insgesamt also 0,5 m). Schneiden Sie am Seitenwandstreifen von einer Längskante her 12 cm lange Schnitte senkrecht mit drei oder vier Kästchen Abstand dazwischen senkrecht ein. Schieben Sie die Schmalseiten des Seitenstreifens ewa 2 cm übereinander, und fixieren Sie die „Naht" mit zwei Schleifchen aus weißem Satinband. Nun formen Sie die Seitenwand als Oval über dem rechteckigen Boden, die überstehenden Ecken des Bodens biegen Sie senkrecht nach oben über die Seitenwand und fixieren diese mit weißen Satinschleifen an der Seitenwand.

Den „Träger" an den Seiten unten auf die Bodenkante stellen und mit weißem Satinband und einer dicken Nadel „festnähen". Den Drahtstreifen biegen und auf der anderen Seite gegenüber ebenfalls mit Schleifenband annähen. Darüber jeweils zwei Schleifen durch Träger und Seitenwand binden. Nun die senkrechten Einschnitte des oberen Drahtrandes über einen sehr dicken Stift oder den Stiel eines Kochlöffels nach unten rollen und auf verschiedenen Höhen wieder entrollen.

Osterstrauß im Nest

Kinderleicht ist diese Osterkreation: Wenn Sie es sich ganz einfach machen wollen, dann kaufen Sie einen fertig gebundenen Strauß aus orange-gelben Papageientulpen mit gelben Mimosen oder Ginster, je nachdem, was die Saison bietet.

Die individuelle Gestaltung ist Ihre Sache, vielleicht auch die Ihrer Kinder. Mit apfel- oder grasgrüner Plusterfarbe aus der Tube zeichnen Sie Punkte, Streifen, Schlaufen oder Ringel auf ausgeblasene, weiße Hühnereier. Ein Tipp, damit Ringel und Streifen nicht verwackeln: Stecken Sie das Ei auf einen Schaschlikspieß, und legen Sie diesen quer auf die Kanten eines Schuhkartons. So können Sie mit der linken Hand den Spieß drehen, die rechte kann ganz ruhig die Muster aufmalen. Auch zum Trocknen der Farbe ist der Karton sehr hilfreich, denn so verschmiert die Farbe nicht. Sind alle Eier getrocknet, schieben Sie sie auf orangefarbenes Peddigrohr. Um die Abstände zu halten, umwickeln Sie das Peddigrohr dicht unter oder über dem Ei mit grünem Chenilledraht. Nun die

Peddigrohr-Eier-Kette locker um den Blumenstrauß drapieren, einige Eier auf einem Korbtablett mit Plattenmoos und Schleifen arrangieren.

Gläser im Frühlingslook

Sehr modern wirkt die Kombination aus Flusskieseln, Glasvase und cremefarbenen Schneeballzweigen. Schneiden Sie die Stiele des Schneeballs mit einem scharfen Messer schräg an, die Schnittfläche sollte möglichst groß sein, und binden Sie sie fest mit Naturbast zusammen. Möglichst schnell in die Vase stellen, die mit warmen Wasser gefüllt ist. Halten Sie den Strauß senkrecht in einer Vasenecke, und füllen Sie den übrigen Raum mit weißen Flusskieseln auf. Drapieren Sie dazu ein weißes Tuch und grüne Früchte wie Limetten und Birnen.

Ein Einmachglas wird zum Schaukasten: Legen Sie etwa 5 cm hoch Plattenmoos auf den Boden, sodass die Hyazinthenzwiebel Halt findet. Es dauert übrigens nur ca. zwei Wochen, bis es zur Blüte kommt, und gerade für Kinder ist dies sehr interessant zu verfolgen. Ein Häschen aus Holz und kleine Eier aus Kunststoff liegen im Moos, ein weiteres Häschen beobachtet vom Glasrand aus die Geschehnisse. Wickeln Sie orangefarbenen Bast mehrmals um den Rand und binden Sie eine Schleife.

Hyazinthen im Moosnest

Einen schönen Anblick im Garten oder auf einem Balkontisch bieten die Mooskugeln mit blühenden Hyazinthen und Keramikeiern. Aber selbst, wenn die Hyazinthen noch als Zwiebel oder im Wachsen sind, ist es ein interessantes Objekt. Sie können die Blumenzwiebeln vorkeimen. Stellen bzw. legen Sie sie zwischen die Mooskugeln. Wenn Sie die Wurzeln mit Wasser besprühen, reicht das vollkommen aus; Erde ist nicht unbedingt nötig. Für die Mooskugeln benötigen Sie Plattenmoos aus dem Blumenladen und Styroporkugeln zwischen 10 und 15 cm Durchmesser. Das Moos wird um die Kugeln gelegt und mit Heißkleber fixiert.

Schnelle Tisch-ideen

Hauptsächliches Gestaltungsmittel ist apfelgrün gefärbter Bastelhanf, der um Teller und auf der Tischmitte drapiert wird. Eierkerzen in Eierkartons ersetzen aufwändige Kerzenständer, kleine Küken sitzen in farbigen Eierschalen.

Eine gestärkte Serviette wird in Zieharmonikafalten gelegt, in der Mitte geknickt, verdreht und nach oben gezogen, so fällt der Fächer auf.

Kleine Deko – große Wirkung

Die gekochten und gefärbten Eier in verschiedenen Rosa-Pink-Tönen sind mit weißer Pluster- oder Lackfarbe aus der Tube bemalt. Nach dem Trocknen in große Pralinenmanschetten legen – und diese in einem Nest aus Buchszweigen sowie Schleierkraut und Moos platzieren.

Gut behütet ist das Ei, und der Warmhalteeffekt ist enorm. Schneiden Sie aus Filz ein Quadrat mit ca. 20 cm Kantenlänge. Schieben Sie zwei Kanten, die sich in einer Ecke treffen, so übereinander, dass eine „Tüte" in einer Größe entsteht, die sich leicht über ein Ei schieben lässt. Klappen Sie die untere Ecke des Filzes nach oben. Die übereinanderliegenden Filzkanten mit Bastelkleber fixieren. Nun schieben Sie von innen durch die Spitze etwa 8 cm gleichfarbigen Chenilledraht und formen diesen zur Spirale über einem Stift. Dafür den Draht fest über den Stift wickeln, diesen herausziehen und die Wicklungen leicht aufdrehen. Als kecke Hutdekoration stecken Sie hinter die Spitze der Krempe eine rosafarbene Feder.

Eierkranz mit Röschen

Auf einem Rebenkranz mit etwa 20 cm Durchmesser verteilen Sie etwa 10 bis 15 Seidenröschen; sie lassen sich einfach in die Verästelungen stecken. Pinkfarben gefärbte Hühner- oder Gänseeier werden mit Tulpen in Serviettten-Technik (siehe Seite 28) beklebt und ebenfalls auf dem Kranz locker verteilt. Am besten lassen sich die Eier mit einem Heißklebetupfer fixieren. Maigrünes Peddigrohr umschlingt locker die Röschen und Eier, ein Ranke aus echtem oder künstlichem Efeu sorgt für die farbige Frische.

Anleitung Hahn und Henne Die Vorlage für beide Motive finden Sie auf Seite 165. Vergrößern Sie die Vorlage nach Belieben, übertragen Sie die Konturen auf 19 mm dickes Fichtenleimholz, und sägen Sie die Körper mit der Laub- oder Stichsäge aus, ebenso die Flügel. Für die Befestigung der Flügel Löcher in die Flügel und den Körper an der mit o bezeichneten Stelle bohren. Bemalen Sie die Teile wie auf dem Foto mit Acryllack. Für die Beine nehmen Sie je ein 15 cm langes Rundholz, für das Sie senkrecht ein Loch in den Bauch an der mit x bezeichneten Stelle bohren, außerdem bohren Sie ein Loch in eine etwa 15 x 10 cm große Bodenplatte. Das Rundholz mit Leim fixieren, die Flügel mit Draht befestigen.

Moosschale mit Eiern

Ein Vorschlag für all diejenigen, die schnell eine wirkungsvolle Dekoration für den Ostertisch kreieren wollen, die aber das Schlichte und Einfache vorziehen. Bedecken Sie eine Schale vollständig mit Plattenmoos, und legen Sie gekochte und eingefärbte Eier hinein. Zum Färben nehmen Sie am besten weiße Eier, dann leuchtet die Farbe besonders hell und freundlich, und verwenden Sie nur eine Farbe, helles Rotorange oder sonniges Gelb, je nachdem, in welchen Farben Sie den Tisch gestalten. Schlingen Sie abschließend um die Schale noch Efeuranken oder stellen Sie die Schale in die Mitte eines grünen Mooskranzes, und schon haben Sie einen perfekten Mittelpunkt für Ihre österliche Tafel!

Federn und Eier – eine harmonische Kombination

Ein kleines Nest aus feinen Ästchen, das Sie im Bastelladen in vielen Größen fertig kaufen können, bildet zusammen mit einem gekochten Ei und weißen und gesprenkelten Federn ein perfektes Arrangement, um als Tischkarte zu fungieren. Schreiben Sie den Namen mit Filzstift in Schwarz oder Dunkelbraun auf das Ei, und schon ist die liebevoll österliche Platzkarte fertig.

Gläser, die sonst als Väschen oder für Liköre und Säfte dienen, lassen sich äußerst schnell zu Eierbechern umgestalten. Vielleicht sollen sie aber auch als geschmackvolle Tischdekoration dienen, dann können Sie natürlich auch ausgeblasene Eier verwenden.

Dauerhaft ist der österliche Schmuck, wenn Sie die Eier mit Federn bekleben. Legen Sie naturfarbenen Hanf locker zerzupft in verschieden hohe und weite Gläser, und platzieren Sie die verzierten Eier im Nest. Ein weiteres Glas mit einer Kerze ergänzt das Gespann, aber Vorsicht beim Abbrennen, dass der Hanf der Flamme nicht zu nah kommt!

So schnell, wie der Hahn sich den Strohkranz als Lieblingsplatz erwählt, genauso schnell ist

der Kranz gemacht. Sie benötigen einen Strohkranz mit etwa 30 cm Durchmesser, Stroh aus dem Zoohandel, Naturbast, lange Patenthaften, ausgeblasene weiße Eier und Heißkleber sowie ein paar weiße Federn. Bündeln Sie das Stroh mit dem Naturbast, und fixieren Sie es kreuz und quer mit den Patenthaften auf dem Kranz. Geben Sie einen Tropfen Heißkleber auf die Eier, und fixieren Sie die Querseite einer Patenthafte daran. Nun die Eier vorsichtig mit den Klammern zwischen den Strohbündeln im Kranz festmachen. Ganz zum Schluss verteilen Sie die Federn und kleben diese ebenfalls an.

Anleitung sitzender Osterhase Die Vorlage finden Sie auf Seite 166. Für den sitzenden Hasen zeichnen Sie die 4 cm tiefe Sitzfläche als Rechteck zwischen Rumpf und Beine. Schneiden Sie Rumpf, Sitzfläche und Beine in einem Stück und zusätzlich zwei Arme aus Wellkarton aus. Fixieren Sie die Arme mit Briefklammern an den mit „x“ bezeichneten Stellen. Kleben Sie die Schnauze aus Moosgummi auf, dahinter stecken Sie Drähte. Zum Schluss binden Sie dem Hasen eine Paketschnur als Halsschleife um.

Fröhliche Häschen – so ist das Osterfest ein Erfolg

Verteilen Sie Stroh in einem Spankörbchen, und setzen Sie in die Mitte den Osterhasen aus Wellkarton. Auf seinem Schoß liegt ein mit einer Schleife umbundenes Osterei. Mohrrüben und weitere Eier sind locker und dekorativ im Körbchen verteilt.

Karotten zieren auch eine Tischkarte, die zusätzlich mit einem Streifen Wellkarton beklebt ist oder ein Osterei, das in einem Buchskränzchen liegt.

Anleitung stehender Osterhasen Den stehenden Hasen zweimal aus hellbraunem Karton ausschneiden (Vorlage Seite 166), für den Fuß ein 4 cm breites Rechteck mit Klebelaschen, die umgeklappt werden, zwischen die Füße kleben. Die Arme mit je einer Briefklammer fixieren, darüber den Kopf mit den Ohren zusammenkleben. Bindfaden als Schleife umbinden, als Schnauze bei x Drähte durchstecken und beidseitig je eine weiße Perle aufschieben. Das Auge mit Filzstift aufmalen, an eine Hand eine Karotte kleben.

Lustige Eierparade

Die Häschen stehen gespannt auf einem Teppich aus Kunstgras, der oval oder rund geschnitten und mit orangefarbenen Kunstblümchen verziert ist. Färben Sie die hart gekochten Eier in einem kräftigen Orangeton.
Biegen Sie etwa 30 cm dunkelgrünen Chenilledraht von der Mitte aus zu zwei Ohren, und fixieren Sie die Ohren auf der Eispitze mit Heißkleber. Für die Füße schneiden Sie Karton nach der Vorlage auf Seite 166 zurecht, formen aus einem Chenilledrahtrest einen Kreis, der um den unteren Eirand passt, und kleben diesen auf den Kartonfuß. Das Ei ebenfalls festkleben.
Je zwei ovale Wackelaugen mit 1 cm Durchmesser etwa 2 cm unterhalb der Ohren fixieren, darunter eine weiße Perle, deren Bohrung quer liegt und durch die mehrere grüne Drähte gesteckt werden. Den Mund abschließend mit Filzstift aufmalen.
Soll die Dekoration von Dauer sein, verwenden Sie ausgeblasene Eier, in deren Öffnung oben die Drähte gesteckt werden.

Eine orangefarbene Serviette über eine Ecke zur Tüte wickeln, mit grünem Band umbinden und fertig ist die Karotte-Geschenkpackung.

Verstärken Sie mit bunten Blumen bedrucktes Geschenkpapier mit Karton, zeichnen Sie mit Hilfe eines Eies den Umriss auf. Das Ei ausschneiden, mit einem Locher ein Loch einknipsen, und ein farblich passendes Band durchziehen. Diese Anhänger können Sie für Geschenke und als Basis für Ihre Tischkarte verwenden oder einfach an Blumen und Ästchen aufhängen.

Mit einem Karton in Blütenform, der das Trinkglas abdeckt, erkennt jeder sein eigenes Getränk. Biegen Sie aus Chenilledraht einen Schmetterling mit zwei Fühlern, und fixieren Sie diesen mit Kleber auf der Blüte. Ein Loch für den Trinkhalm ebenfalls mit einknipsen.

Mai-Wonnen mit

Dieser Monat ist ein Kuss, den der Himmel gibt der Erde.

Friedrich von Logau

Rosentisch in Festtagslaune

Romantisch in Rosa und Maigrün – so präsentiert sich der elegante Tisch für kleine und große Feierlichkeiten. Ob Sie nun das Pfingstfest in einem eleganten Rahmen feiern, oder ein Geburtstagsjubiläum begehen, die Dekoration mit den Röschen passt für viele Gelegenheiten.

Auch bei einer Kommunion oder Konfirmation werden Sie Ihre Gäste in Erstaunen versetzen. Ist das Festkind ein Junge, könnten Sie die Rosen in verschiedenen Cremetönen halten, und die Tischdecke in blauem Karo wählen. Steht eine Taufe ins Haus, dann wirkt für einen Stammhalter das Ganze mit gelben Röschen und blauer oder weißer Tischdecke sehr zart und harmonisch.

Und so manche Maibraut wird sich auf Anhieb in die Tischgestaltung verlieben – vielleicht hilft die ganze Familie, für ein Fest in größerem Rahmen die vielen Röschen zu basteln. Sie können ganz sicher sein: Die Röschen werden auf keinen Fall welken und lassen sich für viele Gelegenheiten in der Zukunft immer wieder anders gestalten.

Stoffröschen zum Verlieben

Modern und frisch wirkt die Tischdekoration mit der rosa-weiß-karierten Tischdecke im Pepitamuster. Kaufen Sie dafür Stoffbahnen vom Meter in der Länge entsprechend Ihres Tisches. Die Kanten bügeln Sie zweimal je 1 cm auf die linke Seite und steppen Sie rundum schmalkantig ab. Wenn Sie diese Arbeit vermeiden möchten, können Sie die Kanten auch rundum mit einer Zackenschere abschneiden.

Ebenfalls kariert ist das Schleifenband, das sich vom Kerzenständer in der Mitte aus locker um den Asparagus windet. Vielleicht haben Sie selbst eine Grünpflanze, die Sie abschneiden können, wenn nicht, bestellen Sie den Asparagus im Blumenladen oder verwenden künstlichen, vor allem, wenn Sie sicher sind, dass Sie diese Dekoration wiederholen werden. Künstliche Rosenblätter aus dem Dekoladen liegen locker verteilt über dem ganzen Tisch.

An beiden Tischenden legen Sie eine Rose auf das herabhängende Band. Zartgrüne Kerzenständer aus Glas tragen ausnahmsweise keine Kerzen, sondern sind mit drei Röschen geschmückt.

Servietten aus hellgrünem Pepitastoff – natürlich können Sie auch unifarbene Papierservietten verwenden – werden auf den Tellern locker drapiert und mit einem Röschen verziert.

Anleitung für die Röschen Die Schablone für den Zuschnitt finden Sie auf Seite167/Rose und Seite 171/Blatt. Die Maßangaben in Klammern sind für die verschiedenen Größen der Rosen. Wenn Sie viele Röschen anfertigen möchten, empfiehlt es sich, den Schnitt aus dünnem Karton anzufertigen, so lässt er sich leichter übertragen. Pro Rose benötigen Sie zwei Zuschnitte, die Farben und Muster der Stoffe können dabei verschieden sein. Das Gleiche gilt für die Blätter. Legen Sie die Schnittvorlage auf den Stoff, und zeichnen Sie die Teile je zweimal auf, danach ausschneiden. Bei den Schnittteilen sind rundum 0,5 cm Nahtzugabe eingerechnet. Legen Sie den zugeschnittenen Stoff für Blüte und Blätter rechts auf rechts aufeinander und nähen Sie rundum die Naht 0,5 cm breit, dabei bei den Rosen an der unteren Kante, bei den Blättern an einer Seite einen Schlitz zum Wenden offen lassen. Die Nähte bügeln, dann die Teile wenden und die Kanten ausformen, erneut bügeln, dabei die Nahtzugaben an den Schlitzen nach innen bügeln. Die untere Kante der Rose mit langen Heftstichen per Hand oder mit der Nähmaschine steppen und einreihen. Nun die Rose aufrollen, dabei die Wicklungen dazwischen mit einigen Handstichen fixieren. Am Ende die Rose an den unteren Wickelkanten durch alle Stofflagen mit Handstichen fixieren und gleichzeitig zwei bis drei Blätter festnähen.

Tischläufer im Herzformat

Der Läufer auf der Anrichte vor dem Fenster hat auf beiden Seiten ein Herz als Abschluss. Die Herzen sind in Patchworkart dünn wattiert und abgesteppt, so wirken sie plastisch. Stellen Sie zur Zierde eine Reihe Gläser für Teelichter mit einem Röschen darauf, und legen Sie Kirschblütenzweige oder Frauenmantel dazwischen, und schon haben Sie eine frühlingsfrische Dekoration.

Anleitung für den Läufer Sie benötigen pro Herz 0,6 m rosa gemusterten Baumwollstoff oder verschiedene Reste, 0,3 m dünnes Volumenvlies und 0,3 m grünkarierten Baumwollstoff. Außerdem Nähgarn in verlaufenden Pinktönen zum Aufsticken der Ranken. Die Vorlage für ein halbes Herz finden Sie auf Seite 167, mit gefaltetem Papier erhalten Sie ein ganzes Herz nach dem Übertragen. Schneiden Sie das aufgefaltete Herz viermal aus rosafarbenem Stoff und zweimal aus Volumenvlies plus rundum 0,5 cm Nahtzugabe zu. Bügeln Sie das Volumenvlies auf die linke Seite eines Zuschnitts. Legen Sie nun je zwei Stoffherzen rechts auf rechts, und steppen Sie rundum eine 0,5 cm breite Naht, dabei lassen Sie an einer Seite einen 10 cm langen Schlitz zum Wenden offen. Schneiden Sie mit einer spitzen Schere an den Rundungen und dem Einschnitt des Herzens senkrecht bis 1 mm vor die Naht ein, so lässt sich das Herz besser ausformen. Bügeln Sie die Nähte von links, und wenden Sie das Herz. Formen Sie die Nähte gut aus, und bügeln Sie sie erneut, dabei legen Sie die Nahtzugabe am Wendeschlitz nach innen. Nähen Sie die Nahtzugabe mit Handstichen von der rechten Seite zu. Wählen Sie nun einen Stickstich auf Ihrer Nähmaschine, und steppen Sie damit geschwungene Linien frei Hand oder nach der Vorlage auf. Um die Vorlage auf das Herz zu übertragen, nehmen Sie Schneiderkopierpapier und zeichnen die Linien mit einem Stift nach. Bügeln Sie die Kanten des grünkarierten Stoffs zweimal je 1 cm auf die linke Stoffseite, und steppen Sie den Saum rundum schmalkantig fest. Die Herzen über die Enden des Läufers legen, und von der linken Seite her mit Handstichen festnähen. Sie können sie aber auch einfach über das Ende des Läufers legen.

Herzen am laufenden Band

Lassen Sie gerne Ihr Herz sprechen? Dann können Sie das gut mit diesen liebevoll gestalteten Herzen tun. Sie benötigen dazu nur einige Stoffreste in Rosatönen, Nähgarn und verschiedene Perlen wie Rocailles, Glas- und Wachsperlen.

Die Vorlage für die Herzen finden Sie auf Seite 168. Schneiden Sie jedes Herz zweimal aus Stoff und einmal aus Volumenvlies plus rundum 0,5 cm Nahtzugabe zu. Die Nähanleitung finden Sie auf Seite 53. Die Motive zum Besticken finden Sie ebenfalls auf den Vorlagen, übertragen Sie diese mit Schneiderkopierpapier oder zeichnen Sie sie frei Hand mit Schneiderkreide auf. Steppen Sie die Motivlinien mit der Nähmaschine oder mit Handstichen auf. Besonders reizvoll wirken die Stickereien, wenn Sie einzelne Teile davon mit Rocailles nachsticken, wie das nebenstehende Blatt oder die Rosenmitte. Zum Verbinden der Herzen fädeln Sie dünnen silberfarbenen Wickeldraht oder festen Nähfaden in eine dünne Perlennadel. Beginnen Sie ganz unten, fädeln Sie eine Perle auf und verknoten Sie das Draht- bzw. Fadenende dicht hinter der Perle. Nun weitere Perlen in beliebiger Folge auffädeln. Ist der Strang lang genug, nähen Sie den Faden an der Spitze des kleinsten Herzens fest. Für die Verbindung des mittleren mit dem größeren Herzen darüber stechen Sie die Nadel in den Herzeinschnitt und fixieren den Faden dort mit wenigen Stichen. Nun erneut Perlen in beliebiger Reihenfolge auffädeln, das Ende in der Herzspitze des größeren Herzens fixieren. Für die Aufhängung fixieren Sie den Faden in der Herzmitte, und fädeln die Perlen als ca. 20 cm langen Strang auf. Bilden Sie zum Abschluss eine Schlinge mit dem Perlenstrang, indem Sie die Nadel mehrmals durch eine weiter unten liegende Perle stechen, und den Faden dann verknoten.

Zum Besticken mit Rocaille-Perlen stechen Sie durch den Stoff von hinten nach vorne, nachdem Sie den Faden vernäht haben. Schieben Sie ein Rocailles auf die Nadel, über den Faden und dicht an die Ausstichstelle auf der Konturenlinie, und stechen Sie dicht neben dem Rocaille wieder nach hinten. Eine Perle nach der anderen auf diese Weise aufsticken, natürlich können Sie auch das ganze Motiv aussticken.

Kissen zum Kuscheln

Für gemütliche Stunden im Wonnemonat Mai eignen sich diese Kissen in Rosé-Beige-Tönen. Besonders harmonisch wirken die Kissen, wenn Sie den Läufer mit Herz oder die Herzen am Band von den vorhergehenden Seiten in den gleichen Farben arbeiten und das Zimmer damit dekorieren. Auch das Herz aus Holz (s. Seite 57) ist eine tolle Ergänzung.

Anleitung für die Kissen Für beide Kissen benötigen Sie 0,8 m Rosenstoff und 0,45 m Volumenvlies, für das Rüschenkissen 7 cm breite Streifen, die insgesamt 2,4 m lang sind, für das Patchworkkissen 0,15 cm kontrastierenden Stoff und 0,25 m Satin für die Zacken. Außerdem zum Absteppen zwei Stoffreste mit je 42 x 42 cm.

Für das Rüschenkissen nähen Sie den Streifen aus kürzeren Abschnitten zusammen, falten ihn links auf links längs zur Hälfte und bügeln die Bruchkante. Die seitlichen Kanten zum Ring schließen, und die zusammengefassten offenen Kanten auf 1,6 m einreihen. Schneiden Sie die Vorderseite 42 x 42 cm groß zu und markieren Sie symmetrisch in der Mitte ein Kreuz mit Schneiderkreide und Lineal, jeweils links und rechts davon noch vier Linien im Abstand mit 1 cm. Bügeln Sie das Volumenvlies auf die linke Stoffseite, und stecken Sie den Reststoff bündig darunter. Nun steppen Sie die Markierungslinien mit Verlaufsfaden und langer Sticheinstellung von rechts nach. Stecken und heften Sie die Rüsche rechts auf rechts nach innen gerichtet auf die Kanten des Vorderteils. Für den Verschluss auf der Rückseite zwei Stücke in 29 x 42 cm zuschneiden. Jeweils eine der langen Kanten zweimal je 1 cm auf die linke Seite bügeln und schmalkantig absteppen. Beide Teile so übereinander legen, dass ein Quadrat mit 42 x 42 cm entsteht. Die Teile auf einander heften, dann rechts auf rechts auf das Vorderteil legen. Rundum 1 cm breit aufeinander steppen, dabei die offenen Rüschenkanten mitfassen. Die Nähte bügeln, und das Kissen wenden. Die Heftfäden der Rückseite herausziehen.

Für das Kissen mit der Zackenkante schneiden Sie für die Rückseite die Teile in der gleichen Größe wie beim vorherigen Kissen zu und bereiten diese ebenso vor. Für die Vorderseite aus Satin vier Quadrate mit 12 cm und eines mit 24 cm Kantenlänge zuschneiden. Falten Sie diese zu Vierteln und bügeln Sie die Kanten. Aus dem Rosenstoff ein Rechteck mit 29 x 42 cm, aus Kontraststoff 15 x 42 cm schneiden. Die gefalteten Quadrate von der Mitte aus schräg als Zacken über die lange Seite des Rosenstoffs stecken und heften (siehe unten), darüber den Kontraststoff rechts auf rechts legen und 1 cm breit steppen. Die Naht ausbügeln, die Zacken auf der linken Seite abschneiden. Diagonale Linien mit je 4 cm Abstand auf dem Rosenstoff markieren, den Reststoff auf die linke Stoffseite stecken, und die Linien bis zur Ansatzlinie mit großer Stichlänge durch alle Lagen steppen. Das vorbereitete Rückteil rechts auf rechts auf das Vorderteil stecken, und rundum 1 cm breit steppen. Die Naht bügeln und zum Abschluss das Kissen wenden.

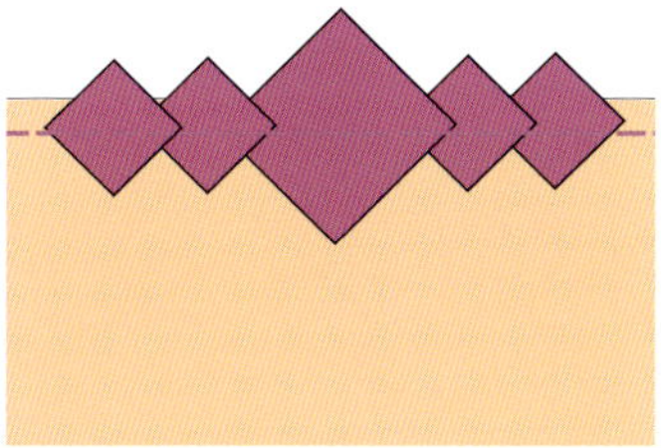

Fensterherz

Dieses Herz können auch Kinder machen, vielleicht als Geschenk zum Muttertag, und Papa hilft dem Alter ensprechend. Eine beliebige Vorlage auf den Seiten 167 f. auf Holz übertragen, aussägen und schleifen. Mit farbigen Streifen bemalen und einen Haken als Aufhänger eindrehen.

Den Mai mit einem Fest beginnen

Die beschwingte Tischdekoration läutet die Spargelsaison in zarten Rosé-Grün-Tönen ein. Asparagus, der lateinische Name des Spargels, wird hier in zweifacher Form verwendet. Die „Tischkärtchen" werden von Hand beschrieben und auf Gläser mit eingemachtem Spargel geklebt; eine quadratisch geschnittene Serviette mit passendem Blumenmotiv ist zur Abdeckung des Glases mit einer Bastschleife fixiert.

Schnittgrün vom Zier-Asparagus windet sich dekorativ auf dem Tisch zwischen den Gedecken. Die Tischkerze zieren grüne Spargelstangen, die von Naturbast gehalten werden.

In kleinen Töpfchen in verschiedenen Rosa- und Pinktönen stecken gefüllte Gänseblümchen, die den Farbton der Tischdeko unterstreichen.

Spankörbe für Puppenhäuser bilden zusammen mit roséfarbenen Servietten und weißgrünen Karoschleifen dekorative Besteckhalter.

Anleitung für die Libellen Aus rosafarbenem Japanpapier je zwei abgerundete Rechtecke 12 x 4 cm groß schneiden. Auf einen etwa 30 cm langen, dünnen Draht mittig eine kleine Perle fädeln, dann beide Drahtenden durch je vier grüne Perlen, etwa 5 mm dick und vier blaue Perlen, ca. 7 mm dick, fädeln. Vor der letzten Perle zwischen die Drähte mittig zwei Japanrechtecke legen, die nächste Perle dicht darüber schieben. Auf beide Enden der Drähte je eine lilafarbene Rocailleperle bis dicht an die letzte Perle schieben und die Drahtenden mehrmals um die Perlen wickeln, dann abschneiden. Die Flügel auseinander zupfen.

Dekoration für alle Sinne

Der Vitrinenschrank mit den Glastüren wird umdekoriert, damit sich auch hier die leichte und beschwingte Stimmung des Frühlings voll entfalten kann.

Das vorher ordentlich gestapelte Geschirr und die Gläser werden auf den Borden verteilt, aufrecht an die Rückwand gelehnte Teller bringen dabei die schönen Rosenmotive des Service zur Geltung. Ein Tablett mit Rosenmotiven strahlt vollendete Harmonie mit den filigranen Etageren aus.

Fliederfarbene Gläser lockern die Stimmung auf, sie werden ergänzt mit echten oder künstlichen Rosenblüten. Hier möchte man gerne „Mädchen" sein.

Selbst wenn Sie ein Gegner von künstlichen Blumen sind, ist es manchmal dauerhafter, mit künstlichen Blüten zu dekorieren. Sie sollten allerdings genau hinschauen, was Sie kaufen, sehr billige Kunstblumen wirken auch billig. Hier lohnt es sich, etwas mehr Geld zu investieren, dann haben Sie auch Ihre Freude damit.

Anleitung für die Windlichter Sie benötigen ca. 20 cm hohe Gläser und pro Glas 1 dicke, rosafarbene Stumpenkerze und 7 – 8 gedrahtete Satinröschen aus dem Bastelladen. Wickeln Sie das Ende eines Drahtes über einen dicken Bleistift oder den Stiel eines Kochlöffels, und ziehen Sie dann die Wicklungen vorsichtig ab. Drehen Sie nun die Wicklungen vom Ende her zur Spirale auf. Stellen Sie die Kerze in das Glas und hängen Sie die Röschen am Rand des Glases gleichmäßig verteilt ein.

Als Alternative zu den gekauften Röschen können Sie Röschen mit drahtverstärktem Tüll- oder Satinband selbst anfertigen. Schneiden Sie 20 cm des Bandes ab, und ziehen Sie vorsichtig an einer Seite des eingezogenen Drahtes, bis sich das Band rüscht. Nun wickeln Sie das gebauschte Band auf, und umwickeln die gerüschte Seite fest mit Draht. Diesen Draht an den Enden zur Spirale drehen (siehe oben).

So lecker schmeckt's im Mai

Erdbeeren verwöhnen gleich zweimal den Gaumen, denn unter der Quarksahne haben sich weitere Erdbeeren versteckt. Das Rezept ist ganz einfach und ein wirklich frischer Genuss: 125 Butter mit 125 g Zucker schaumig rühren, 3 Eier dazugeben und weiterrühren. Mit 125 g Mehl, 1 Teel. Backpulver, 1 Päckchen Vanillezucker, abgeriebene Schale einer Zitrone und 50 ml Milch verrühren. In eine gefettete Springform füllen und bei 180 Grad 30 Minuten lang backen. Nach dem Abkühlen den Boden mit Erdbeermarmelade dünn bestreichen und mit halbierten Erdbeeren belegen. 2 Becher Sahne mit 2 Päckchen Sahnefestiger und 75 g Zucker steif schlagen und 500 g Quark unterziehen. Die Torte damit rundum bestreichen, den Rand mit gehackten Pistazien bestreuen und alles mit halbierten Erdbeeren verzieren. Wird die Torte nicht am gleichen Tag gegessen, dann sollten Sie die Erdbeeren zur Verzierung mit farbloser Gelatine überziehen.

Die Erdbeeren auf den Tassen wirken so echt, als ob man sie pflücken könnten. Wenn Sie gerne ein Service dieser Art hätten, dann laden-Sie doch zum Erdbeerkuchen ein, und lassen Sie sich von den Gästen einzelne Teile dazu mitbringen. Sicherlich ist jeder froh, ein sinnvolles Geschenk überreichen zu können.

Die rosafarbene Serviette wird diagonal gelegt, und mittig ganz locker ein Knoten geschlungen. Diesen breit auseinander ziehen und auf den Teller legen. Mit einem Erdbeerblatt dekorieren.

Das Herz geht auf

Egal, ob auf Steinen, Blumen oder Schalen, im Wonnemonat Mai ist das Herz das Thema. Das Herz aus Speckstein lässt sich fast wie Butter bearbeiten, und Sie können Ihre ganz persönliche Note darauf eingravieren. Die stilisierte Lotusblüte ist nur ein Vorschlag, auch Initialien eignen sich gut dafür. Zur Bearbeitung nehmen Sie am besten eine roh bearbeitete Herzform, die Sie in Bastelläden oder auch im Edelsteinladen erhalten. Bearbeiten Sie die Form mit groben bis feinen Feilen, dann mit mittlerem bis sehr feinem Sandpapier. Nun das Motiv von Seite 168 mit Grafitpapier oder frei Hand übertragen und mit einer dünnen Rund- oder Dreikantfeile die Konturen einritzen. Zum Abschluss das Herz mit Specksteinöl und Watte polieren.

Moosgummiherzen in doppelter Ausfertigung schmiegen sich an die schmalen Vasen, in denen nur zwei bis drei Blütenstiele stecken. Die Vorlagen für die Herzen finden Sie auf Seite 168, Sie können Sie auch frei Hand auf Moosgummi aufzeichnen, dann ausschneiden. Jeweils zwei verschiedene Größen leicht versetzt aufeinander kleben und mit Heißkleber auf der Vase befestigen. Besonders harmonisch wirkt die Dekoration, wenn Blüten und Herzen aus einer Farbpalette stammen.

Die filigrane Schale aus Porzellan in Herzform ist mit künstlichen Rosenblättern und Wachsperlen gefüllt. Zwei Satinröschen werden mit Satinband an der Herzmitte fixiert, die Drahtstiele zu Spiralen geboten. Wer mag, kann einige Spritzer Rosenduft darüberträufeln.

Feste im Mai

Für Feste und Feiern ist der Mai ideal, reicht seine Palette doch vom Muttertag hin zu Kommunion, Konfirmation und natürlich allen voran bis zur Hochzeit im Mai. Ob Sie nun alles mit Herzen dekorieren oder lieber Rosen vorziehen, Sie haben die Wahl.

Vergessen Sie auf keinen Fall, es sind immer die liebenswerten Kleinigkeiten, die das Gesamtbild bestimmen.

Anleitung für die Rosenvase Sie benötigen ein Orchideenväschen aus dem Blumenladen, naturweißen Bastelhanf, 1 Rosenblüte, kurze Buchs- oder Ruscuszweige, schmales Satinband in gleicher Farbe der Rose, etwa 5 cm breites und 40 cm langes cremefarbenes Satinband, dünnen Bindedraht, Rocailleperlen in der Farbe der Rose und Wachsperlen. Füllen Sie das Väschen mit Wasser, stecken Sie die Rose so hinein, dass die Blüte und ein Blatt am Deckel anschließen, und schieben Sie durch die Öffnung noch zwei bis drei kurze Stiele von Buchs oder Ruscus. Wickeln Sie nun locker den Hanf um das Väschen, und fixieren Sie ihn, unten an der Spitze beginnend, mit dem Bindedraht. Dabei soll eine lange Tütenform entstehen. Einige Hanffäden oben um die Rose drapieren, das Ganze zusätzlich mit aufgefädelten Rocaille- und Wachsperlen umlegen. Die Vase mit dem dünnen Satinband umwickeln und dieses oben zur Schleife binden. Aus dem breiten Band eine Schleife binden, und diese mit Draht am oberen Rand fixieren.

Rosen und Herzen, wohin man schaut. Einen dreifachen Auftritt hat das Herz bei der Verpackung – noch direkter kann man es nicht sagen.

Rosenblätter schwimmen im Wasserkrug, sie sind nicht nur Dekoration, sondern geben dem Trinkwasser einen Hauch von Aroma. Achten Sie darauf, dass die Rosen nicht gespritzt sind.

Weiße Feste in Blau

Wer bei einem „weißen Fest“ etwas Farbe ins Spiel bringen möchte, sollte es mal mit einem hellen Blauviolett probieren. Die Blumen und Blätter in Weiß und Grün harmonieren perfekt dazu, es sind nur wenige Accessoires, die den Farbklang entstehen lassen.

Decken Sie den Tisch wie gewohnt mit einer weißen Decke, weißem Service und schönem Besteck. Silberne Kerzenleuchter verzieren Sie mit Kränzchen aus weißen Rosen, Schleierkraut und zartgrünem Frauenmantel, der im Mai in allen Gärten blüht. Den Kranz über die Kerze schieben und mit einer blauen Kordel verzieren.

Falten Sie eine geöffnete blaue Serviette diagonal, und wickeln Sie das Dreieck um ein Wasserglas. Mit einem schmalen Band umbinden und ein Blütenzweiglein unter den Knoten stecken.

Weiße Nelken und Margeriten kurz abschneiden und in einer Schale mit Steckschwamm kugelförmig anordnen. Mit Blättern ergänzen, und dazwischen dünne weiße Kerzen stecken. Nun gruppieren Sie die Blumengestecke und Kerzenhalter längs in der Mitte der Tafel, dazwischen stellen Sie dicke, hellblaue Kerzen in verschiedenen Größen.

Kirschblüten mit Asia-Flair

Das Kirschblütenfest ist in Japan ein ganz besonderer Tag, denn die Kirschen blühen nur ganz kurze Zeit.
Um zeitlich nicht nur auf wenige Tage beschränkt zu sein, verwenden Sie für die Tischdekoration künstliche Kirschblüten. Die Beschränkung auf die Farben Weiß und Rosé und das rötliche Holz des Tisches, das sich in den Essstäbchen wiederholt, steigert die Wirkung der eleganten und zarten Tischdekoration. Die Essstäbchen sind zwar Halterung für die Menükarte, aber natürlich können Sie sie auch zum Essen verwenden. Gäste, die nicht damit umgehen können, nehmen das Besteck, das wie üblich neben dem Gedeck liegt. Die Servietten sind mit dem Namen des Gastes mit Tusche be-

schriftet, ebenso die Menükarte. Diese wird auf einen Streifen Butterbrotpapier geschrieben, der am oberen Rand um die Essstäbchen gewickelt wird; beim Beschriften daher etwa 8 cm Platz nach oben lassen. Auf das rechte untere Eck eine Kirschblüte mit Farbstiften aufmalen.

Windlichter sind locker auf der Tischmitte verteilt und verbreiten sanftes Licht. Sie sind aus naturfarbenem Geschenkpapier hergestellt. Schneiden Sie pro Licht einen 42 x 10 cm langen Streifen und ein Quadrat mit 12 x 12 cm aus. Falten Sie die Kanten des Quadrates jeweils 1 cm auf eine Seite, dieser Falz dient als Klebekante. Die Ecken schneiden Sie im 45-Grad-Winkel bis an die Faltkante weg. Den Streifen unterteilen Sie senkrecht in 10 cm große Quadrate, diese Senkrechten falten. Auch die überstehenden 2 cm, diese dienen als Klebefalz. Diesen mit Kleber bestreichen und den Streifen damit zum Viereck schließen. Die Klebefalze des Bodens ebenfalls bestreichen und in das Viereck stecken. Jeweils zwei gegenüberliegende Seiten der Windlichter mit einem rosafarbenen Quadrat mit 6 cm Seitenlänge aus Japanpapier bekleben, darauf rechts oben und links unten je eine Kirschblüte kleben.

Suppenlöffel aus Porzellan aus dem Asialaden werden mit Reis bestreut und ein Teelicht hineingestellt.

Sommer-Duft

Da fliegt, als wir im
Felde gehen,
Ein Sommerfaden
über Land,
Ein leicht und licht
Gespinst der Feen,
Und knüpft von mir
zu ihr ein Band.

Ludwig Uhland

Der Duft von Lavendel

Topflappen mit Lavendel

Auch in der Küche zieht der Sommer ein, wenn Sie diesen Topflappen oder gleich ein Paar davon anfertigen.

Sie benötigen einen hellblauen Topflappen aus Baumwollstoff, außerdem eine Serviette mit Lavendelmotiven und hellgrünes Baumwollgarn für Nadelstärke 2,5, außerdem eine Häkelnadel Nr. 2,5. Bekleben Sie den Topflappen mit den Lavendelmotiven nach der Anleitung Serviettentechnik auf Seite 28. Markieren Sie mit Schneiderkreide und Lineal rund um den Topflappen eine Linie mit 0,8 cm Abstand zum Rand. Nun umstechen Sie den Topflappen mit grünem

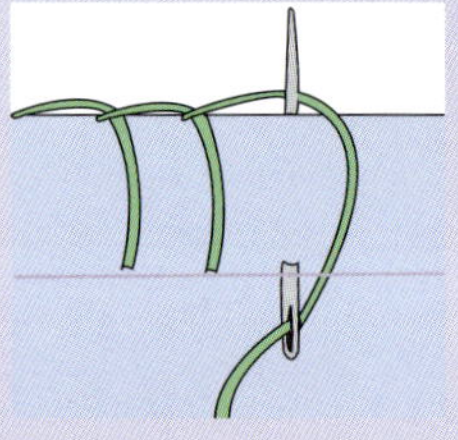

Garn mit Knopflochstichen (siehe linke Abb.). Dafür den Faden von hinten nach vorne an der Kante ausstechen. 0,6 cm daneben auf der Markierungslinie die Nadel von vorne nach hinten einstehen, die Nadelspitze auf der Rückseite nach oben zur Kante führen und unter der Fadenschlinge durchziehen. Den Faden dann so weit anziehen, bis sich die Fadenschlinge ohne zu ziehen um die Kante legt. Sticken Sie auf diese Weise eine Knopflochstichumrandung rund um den Topflappen. Nun mit der Häkelnadel in die quer liegenden Fadenstege der Umrandung je eine

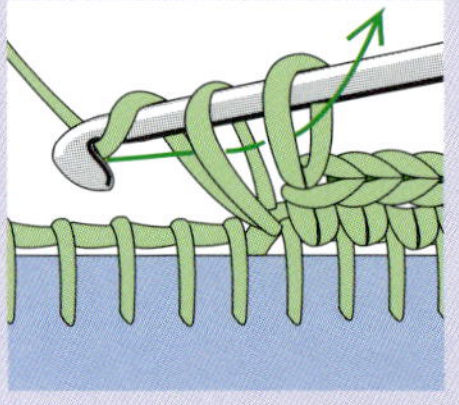

feste Masche häkeln (siehe linke Abb.), an den Ecken drei Maschen einhäkeln. In der zweiten Runde eine Reihe Krebsmaschen in die festen Maschen arbeiten, diese werden von links nach rechts wie eine feste Masche gehäkelt.

Die sommerliche Tischdecke ist übersät mit Lavendel, der aus Servietten ausgeschnitten wurde. (Anleitung Servietten-Technik Seite 28). Entweder verzieren Sie eine fertige Tischdecke, oder Sie säumen eine Stoffbahn, die der Größe Ihres Tisches entspricht. Dafür die Kanten zweimal je 1 cm auf die linke Seite bügeln und schmalkantig absteppen.

Chic verhüllt

Selten gelingt es, passende Übertöpfe zur Zimmerdekoration zu finden, und letztendlich ist es auch eine Frage des Geldes. Mit Geschenkpapier dagegen lassen sich schnell und unkompliziert Übertöpfe kreieren. Messen Sie mit einem Maßband den Umfang des oberen Topfrandes und die Höhe plus 3 cm plus der Tiefe des Bodens und zeichnen Sie die Maße auf Papier auf. Geben Sie zusätzlich zwei Zentimeter für die Klebelasche an der Seite zu. Schneiden Sie den Papierstreifen aus, und falten Sie die obere Kante 3 cm nach innen, mit Kleber festkleben. Die untere Kante ebenfalls nach innen falten, danach wieder öffnen. Nun falten Sie alle vier senkrechten Kanten einschließlich der Kante der Klebelasche. Diese unter der senkrechten Kante des gegenüberliegenden Endes festkleben. Nun die obere Kante der Hülle nach

unten gerichtet auf den Tisch stellen. Am besten geht das Falten des Bodens, wenn Sie in die Hülle einen Karton stellen, so haben Sie eine Auflage zum Falten. Biegen Sie nun, wie beim Päckchen packen, zwei gegenüberliegende Kanten zur Mitte, dann die Falzkanten ausstreichen. Darüber falten Sie die gegenüberliegenden Seiten und kleben diese aufeinander. Die Hülle umdrehen, und den Blumentopf, der in einem Plastikbeutel steckt, hineinstellen. Nun die Hüllen mit gerissenen Papierstreifen, Satinbändern und kleinen Dekoblümchen verzieren.

Heiteres Sommergesteck

Ein Bund weißer Strauchchrysanthemen, hellblaues Satinband und eine blau-weiß-karierte Schleife werden im Handumdrehen zu einem fröhlichen Sommergesteck. Wässern Sie Steckmoos, das vorher passend für eine niedrige Schale zurechtgeschnitten wurde. Schneiden Sie die Chrysanthemen auf etwa 15 bis 20 cm, und stecken Sie sie strahlenartig und symmetrisch in das Moos; mit kleineren Blütenstielen dazwischen auffüllen. Knoten Sie an einzelne Stiele blaue Schleifchen, eine große karierte Schleife drapieren Sie zwischen die Stiele.
ACHTUNG: Kein altes Steckmoos verwenden, das gibt kein Wasser an die Blumen ab.

Verführerischer Duft

Eine schlichte Flasche mit Korken wird zum wertvollen Behälter für Öl oder Duftwasser. Mit goldfarbenem Konturenlack aus der Tube, der sich wie mit einem Stift auftragen lässt, malen Sie locker verteilt Kreise und darüber einen Punkt. Ist die Farbe trocken, die Kreise mit der blauen Konturenfarbe ausmalen. Schneiden Sie ca. 30 cm festeren Draht ab, und biegen Sie ihn mittig zur Hälfte. Nun eine weiße Perle aufschieben, und den Draht dicht darunter verdrehen. Beide Drahtenden anschließend durch etwa 12 weiße und dann verschieden große und -farbige Flachperlen schieben. Die Enden des Drahtes fest in den Korken stecken, eventuell mit Kleber zusätzlich fixieren. Eine Goldkordel um den Flaschenhals binden.

Brotkorb, Tasse und Tablett sind mit strahlenden Margeriten verziert, die sich ganz einfach mit Servietten-Technik auftragen lassen. Das Tablett und den Brotkorb vorher blau grundieren, dann mit Krakelier-Technik weiß übermalen (Anleitung Seite 28).

Anleitung für den Brotkorb Schneiden Sie aus zwei farblich aufeinander abgestimmten Baumwollstoffen und einer Thermovlieseinlage je ein Quadrat mit 32 cm Seitenlänge zu, an den Ecken schneiden Sie Quadrate mit 6 x 6 cm heraus. Legen Sie die Stoffe wie folgt aufeinander: 1. Stoff mit rechter Seite nach unten, darauf die Thermovlieseinlage, den 2. Stoff mit rechter Seite nach oben. Die Kanten müssen deckungsgleich aufeinander liegen. Fixieren Sie die Lagen mit Stecknadeln, und steppen Sie mit der Maschine die Kanten rundum 0,5 cm breit aufeinander, außerdem ein Innenquadrat mit 6 cm Abstand zum Rand, hier ist die Bruchlinie zwischen Boden und Wand. Schneiden Sie von insgesamt 3 m fertigem Schrägband für die Ecken vier jeweils 12 cm lange Stücke ab, und heften Sie diese in den Ecken fest (Step 1). Schmalkantig mit der Maschine steppen, dabei die Ecken als Gerade auseinander dehnen. Nun das übrige Schrägband in vier gleich große Abschnitte teilen, und über die noch offenen vier Kanten der Stofflagen heften und steppen (Step 2). Die Ansatzstellen der Eckstreifen dabei verdecken, im weiteren Verlauf die Bänder schmalkantig aufeinander steppen, die Kanten hoch klappen und mit Schleifen verschließen.

Der Duft des Sommers

Mit wenigen Handgriffen ist die appetitliche Dekoration aus Artischocken, Astern und Bohnen arrangiert. Stecken Sie in den verzinkten Topf gewässertes Steckmoos. Sollte der Topf undicht sein, legen Sie das Moos in einen Plastikbeutel, den Sie unterhalb des Topfrandes abschneiden. Die Artischocke in der Mitte senkrecht hineinstellen, außen herum mit weißen oder pinkfarbenen Astern und Salbeiblättern dicht an dicht auffüllen. Die Bohnen werden mit doppelseitigem Klebeband an der Topfwand fixiert, eine Sisalschnur mehrmals drum herum wickeln und verknoten.

Auf der Gießkanne scheint immer die Sonne, auch wenn es das Wetter mal nicht so gut mit uns meint. Sonne und Blumenranken malen Sie mit Lackfarbe aus der Tube in Gelb, Rot und Grün auf, und legen in die noch nasse Farbe gleichfarbige Rocailleperlen. Verwenden Sie eine Schablone für das Motiv zum Durchzeichnen.

Eine schlichte weiße Kochschürze wird mit Zitronen in Servietten-Technik aufgepeppt (An-

leitung Seite 28). Keine Sorge, die Schürze ist waschbar. Eine große, aufgenähte Tasche aus gelb-weiß-karierter Baumwolle mit einem grünen Band und karierten Schürzenbändern ist praktisch und dekorativ zugleich. (Taschenzuschnitt 17 x 23 cm inkl. 1 cm Nahtzugabe).

Schlichte Blumentöpfe aus Terrakotta sind ein Blickfang auf dem Küchenfenster oder auch als Geschenk willkommen. Bepflanzen Sie die Töpfe mit beliebigen Kräutern. Schneiden Sie Transparent- oder Butterbrotpapier als 5 cm breiten Streifen in Topfhöhe und einen weiteren Streifen aus naturfarbenem Papier in 3 cm Breite und gleicher Länge. Beschriften Sie den schmalen Streifen mit der jeweiligen Kräuterbezeichnung, zur Sicherheit vorher mit Bleistift ausprobieren. Den beschrifteten Streifen mittig auf das Transparentpapier kleben, und beides zusammen am oberen und unteren Topfrand festkleben.

Maritime Tischdekorationen

Die passende Dekoration für Ihre Einladung zum Fischmenü lässt sich mühelos mit wenigen Gestaltungsmitteln anfertigen. Beschränken Sie sich auf die Farben Weiß, Blau und Sandfarben bzw. Natur, dann haben Sie schon den Grundstein gelegt. Mit Muscheln, Sand, Kordeln oder dicker Paketschnur und einem Fischernetz aus dem Dekorations- oder Bastelbedarf ist das ganze Dekomenü komplett. Jetzt gilt es nur noch, die verschiedenen Elemente gekonnt und wirkungsvoll einzusetzen.

Sekt- oder Eisschalen aus Glas füllen Sie im unteren Drittel mit Sand. Kleben Sie auf eine dickere weiße Kerze am Rand dicht an dicht Muscheln mit Heißkleber auf, und stellen Sie die Kerze in das Glas mit dem Sand. Nun können Sie noch kleinere Muscheln in den Sand legen.

korieren Sie einen Seestern oder kleine Meeresmotive aus Holz aus dem Spielwarenladen dazu.

Dicke weiße Kerzen werden maritim aufgepäppelt, indem Sie verschieden breite Streifen aus weißem Wellkarton darüberwickeln. Um den untersten Streifen eine dicke blaue oder naturfarbene Kordel wickeln, fertig ist die Tischbeleuchtung.

Ganz ähnlich wird der Serviettenring hergestellt: Rollen Sie die Serviette auf, und legen Sie um die Mitte einen Streifen aus Wellkarton. Das Ganze mit einer Kordel verknoten, an die eine Muschel gehängt wird.

Eine Tischkarte für das Menü wird ebenfalls mit Sand gestaltet. Übertragen Sie das Fischmotiv von Seite 169 auf die Vorderseite einer blauen Karte, und bestreichen Sie die Flächen des Motivs mit Tapeten- oder Bastelkleber. Bestreuen Sie die Klebeflächen dick mit Sand. Nach dem Trocknen schütten Sie den überschüssigen Sand auf ein Zeitungspapier, mit dem Sie den Sand in den Beutel zurückschütten. Legen Sie die Karte auf den Platzteller, de-

Vorfreude aufs Hauptgericht

Der Fisch macht Appetit, zeigt er doch genau, was der Gast zu erwarten hat. Keine Kunst ist das Falten der Serviette: Legen Sie eine Serviette offen auf den Tisch, und falten Sie sie diagonal zur Hälfte. Nun nehmen Sie die aufeinander gelegten unteren Ecken und führen sie nach oben zur Mitte der Bruchkante. Die dadurch entstandene Bruchkante noch einmal nach oben auf die Bruchkante klappen. Legen Sie nun einen Finger auf die Mitte der obere Bruchkanten, und ziehen Sie von diesem Punkt das rechte Ende der gefalteten Serviette senkrecht nach unten. Nun halten Sie die Spitze erneut und ziehen wie vorher das linke Ende der Serviette nach unten. Halten Sie mit einer Hand die Fal-

Muschel-Beleuchtung

Gleich doppelt hell wird es mit den Muschelkerzen. Auf dem Tisch oder Büfett liegt eine Lichterkette, die mit Muscheln beklebt ist. Als weiteres Licht ist eine dicke Kerze dazwischen gestellt, die am unteren Rand dicht mit kleineren Muscheln beklebt ist. Statt Kleber können Sie auch Wachsblättchen nehmen.

tung an der oberen Ecke fest und wenden Sie das Ganze auf die andere Seite. Nun legen Sie den oberen „Schwanzteil" der Serviette schräg über den unteren, einen Kieselstein als Auge auflegen – fertig ist der Fisch.

Als Brotkorb auf dem Büffet dient ein Spankorb, ausgelegt mit blauer Serviette. Mit einer dicken Kordel umwickeln, und den Knoten mit Muscheln bekleben.

Den Weg zum Haus beleuchtet eine Laterne, die dekorativ mit Kieselsteinen umlegt ist. Mehrere davon wirken optimal auf einer Treppe oder entlang des Gehwegs.

Partytime mit Karibikfeeling

Holen Sie sich die Karibik für Ihre nächste Sommerparty nach Hause. Wichtig sind kräftige Farben wie Apfelgrün, Pink, Blau und Orange. Große Blätter von Bananen oder Rhabarber legen Sie als Sets auf den Tisch. Halbierte Kokosnüsse werden vom Fruchtfleisch befreit und mit exotischem Obstsalat gefüllt.

Dekorieren Sie die Wassergläser mit pinkfarbenen Strohhalmen, die mittig durch eine Zitronenscheibe gesteckt werden. Traditionell gehört eine Caipirinha dazu, deswegen für Autofahrer ein alkohlfreies Rezept: Eine Limette in Achtel schneiden, davon vier mit 1 – 2 Esslöffel Rohrzucker ins Glas geben. Mit dem Holzstößel kräftig bearbeiten, dabei den Saft aus den Limetten pressen. Mit Crushed Ice auffüllen und Ginger Ale darübergießen. Gut verrühren und mit Strohhalm servieren.

Bärgras aus dem Blumenladen wird zum Ring gebunden und um farbige Servietten gelegt, die auf jedem Teller andersfarbig sind.

Abendessen mit mediterranem Flair

Wie im italienischen Nobelrestaurant, aber viel liebevoller und individueller. Die Zutaten sind wie die mediterrane Küche: schlicht, aber wirkungsvoll kombiniert. Legen Sie eine weiße Tischdecke ausnahmsweise nicht glatt auf dem Tisch aus, sondern drapieren Sie sie in lockeren Schwüngen auf der Tischmitte. Ihr weißes Speiseservice steht direkt auf dem Tisch, besonders schön wirken Teller und darüber ein Suppenteller, den Sie auch für Salat verwenden können, wenn Sie an heißen Sommertagen auf die Suppe verzichten. Eine zum Rechteck gefaltete weiße Serviette liegt auf dem Teller, geschmückt mit einer Artischocke und einem weißen Schleifenband, das als Tischkarte mit dem Namen beschriftet ist. Ganze und aufgeschnittene Zitronen liegen locker verteilt zwischen einem Blumengesteck aus weißen Lilien, Artischocken und dicken Kerzen, um die mit Bast Olivenzweige gebunden sind. Leckere Oliven

liegen in einer Schale und warten auf den ersten Appetit.
Die Artischocken brauchen Sie übrigens nicht wegzuschmeißen, Sie können sie am nächsten Tag weiter verarbeiten. Die aufgeschnittenen Zitronen lassen sich beim Essen verwenden, wenn Sie als Vorspeise oder Hauptgang Fisch servieren.

Intime Beleuchtung schaffen Sie, wenn Sie im ganzen Raum verteilt Kerzen aufstellen. Besonders wirkungsvoll ist die Engelkonsole aus Stein, die ebenfalls mit einer Kerze und Olivenzweigen geschmückt ist.

Licht aus der Dose

Diese kleinen Dekoideen sind nicht nur ein Augenschmaus, sondern auch ein leiblicher Genuss. Ob spanische Oliven oder italienisches Tomatenmark, die Döschen sind einfach optimal für eine stimmungsvolle Beleuchtung lauer Sommerabende im Freien geeignet. Binden Sie um die Olivendosen Naturbastfäden, und stellen Sie sie in kleinen Grüppchen auf Strohuntersetzer. Dazwischen legen Sie Olivenzweige, die Oliven liegen in einem Schälchen parat.

Kleine und große Tomatenpüreedosen werden mit Sand oder feinen Kieselsteinen so weit gefüllt, dass die Teelichter mit dem Dosenrand abschließen. Die Tischdecke ist mit Nudeln, Tomaten und frischem Basilikum dekoriert.

Gemütlicher Sommerabend

Die Mohnblume ist Sinnbild für den Sommer, und sie ist im Handumdrehen auf jedes weiße oder pastellfarbene Kissen aufgemalt.

Vergrößern Sie die Schablone auf Seite 169 mit dem Kopierer so, dass sie rundum etwa 3 cm kleiner als das Kissen ist.

Übertragen Sie die Vorlage mit Schneiderkopierpapier auf das Kissen. Malen Sie mit sonnengelber Stofffarbe den inneren Kreis, und lassen Sie die Farbe vor dem Weitermalen trocknen.

Nun die Blütenblätter mit Mohnrot ausmalen, dabei in die noch feuchte Farbe vom inneren gelben Kreisrand weg mit Violett kurze Pinselstriche strahlenförmig auftragen. Lassen Sie die Farbe gut trocknen, und fixieren Sie die Farbe nach Herstellerangaben durch Bügeln von der Rückseite her.

Nähen Sie an den beiden hinteren Ecken mit einigen Handstichen zwei rote, etwa 3 cm breite und 60 cm lange Satinbänder an. Damit binden Sie das Kissen an der Stuhllehne mit einer großen Schleife fest.

Sonnenblumen zum Sitzen

Ganz gleich, wo die Kissen liegen, die Sonne scheint immer in farbenfrohen Orange-Grün-Tönen. Gepolstert werden die Kissen durch mehrere Lagen Blütenblätter, das Nähen selbst ist auch für Anfänger gut zu schaffen. Die Vorlagen für die Blüten und Blätter finden Sie auf Seite 170, außerdem eine Schemazeichnung für den „Aufbau“ der Kissen. Verarbeiten Sie alle Rot-, Orange- und Grüntöne, die sich in Ihrer Restekiste befinden, umso interessanter wird das Ergebnis.

Anleitung Sonnenblumenkissen Schneiden Sie von den Blütenblättern a, b und c jeweils 16 Blätter aus Stoff und 8 Blätter aus dickem Volumenvlies, für die Blumenmitten jeweils 2 Kreise aus Stoff und einen aus Volumenvlies(d = 14 cm und e = 32 cm Ø inkl. 1 cm Nahtzugabe) zu. Beim Zuschneiden rundum 1 cm Nahtzugabe dazugeben. Außerdem benötigen Sie als Bindebänder zwei Streifen je 50 x 9 cm lang. Bügeln Sie das Volumenvlies auf die linken Stoffseiten der Blätter und Kreise. Nähen Sie die Längs- und eine Querkante der Bänder 0,5 cm breit aufeinander, bügeln und wenden Sie die Bänder. „Verstürzen" Sie alle Blütenblätter, das bedeutet, Sie legen je ein Blatt mit Volumenvlies und eines ohne mit den rechten Stoffseiten deckungsgleich aufeinander, und steppen eine 1 cm breite Naht, beginnend an der unteren seitlichen Kante bis zur Spitze und zurück zur gegenüberliegenden seitlichen Kante. Nahtanfang und Ende immer mit Rückstichen sichern. An den Rundungen und in der Spitze die Nahtzugabe mit einer spitzen Schere bis 1 mm vor die Naht senkrecht einschneiden, so lässt sich das Blatt besser formen. Die Nähte bügeln und wenden, erneut die Kanten bügeln. Alle Blätter so arbeiten. Nun legen Sie die Blätter b auf die Kanten des Kreises e in Achteln, dabei sind die Spitzen nach innen gerichtet. Blätter stecken und evtl. heften, an zwei gegenüberliegenden Seiten zusätzlich die offenen Schmalseiten der Bänder feststecken. Den zweiten Kreiszuschnitt e darüberlegen, und rundum 1 cm breit steppen, dabei einen Schlitz zum Wenden offen lassen. Wie vorher die Kanten bügeln, einschneiden, wenden und bügeln. Auf die gleiche Weise den Kreis d mit den Blättern a nähen. Nun werden alle Teile zusammengefügt, auf den Kreis e legen Sie die Blätter c rundum übereinander lappend in Achteln, dass die Kanten vom Mittelpunkt aus 1 cm auf einem gedachten Kreis mit dem Durchmesser d überstehen. Alle Blätter stecken und heften. Nun den Kreis d mit den Blättern a mittig darüberlegen, die Ansatzkanten der Blätter c müssen dabei abgedeckt werden. Ebenso stecken und heften, dann rundum entlang des Kreises alle Lagen aufeinander steppen.

Anleitung Rückenkissen Die Vorlagen von Seite 170 mit dem Kopierer auf gewünschte Größe vergrößern, pro Kissen zwei Teile aus Stoff und eines aus Volumenvlies, außerdem zwei Bänder je 50 x 9 cm zuschneiden. Die Kissen wie oben beschreiben mit Vlies verstürzen, dabei die Bänder seitlich zwischenfassen. Die Blattadern von rechts steppen.

Chillis in der Küche

Mit diesen Bordüren kommt in jeder Hinsicht Feuer in die Küche, denn allein schon die Assoziation Chilli und Mexiko heizen ein. Dazu kommen noch die leuchtenden mexikanischen Farben, und die Glut ist perfekt. Wenn Sie Ihre Küche ein bisschen frischer gestalten wollen, aber weder Schränke noch Fliesen wechseln können oder wollen, dann ist diese Technik optimal, denn die Motive lassen sich problemlos wieder abziehen und sind trotzdem haltbar, so lange Sie möchten. Mit den Windowcolour-Farben, mit denen selbst Kinder umgehen können, brauchen Sie keine Angst vor falschen Pinselstrichen zu haben, denn alles lässt sich vor dem Trocknen ausbessern. Die Zutaten sind so einfach wie die der mexikanischen Küche, das Ergebnis zieht die Blicke in den Bann.

Anleitung Fliesenbordüre Sie benötigen Windowcolour-Farben aus dem Bastelgeschäft, in den Farben Grasgrün, Tomatenrot, Rotorange, Sonnen- und Ockergelb sowie Schwarz als Konturenmittel. Kopieren und vergrößern oder verkleinern Sie die Vorlagen von Seite 170, sodass die Breite eines Motivs Ihrer Fliesenbreite entspricht. Das Motiv ein zweites Mal gespiegelt kopieren. Schieben Sie die Vorlage in eine Klarsichthülle. Auf diese werden die Farben aufgetragen, zuerst die schwarzen Konturen, und nach dem Trocknen die übrigen Farben. Achten Sie darauf, dass sich keine Luftblasen bilden, denn das ergibt nach dem Trocknen Löcher. Die Motive abziehen und auf den fettfreien Fliesen andrücken.

Eine Deko mit Pfeffer in doppeltem Sinn: Die Spitzen der Sektkelche sind mit schwarzen, grünen und weißen Pfefferkörnern gefüllt, Pepperoni in Gelb, Grün und Rot finden darin Halt. Lorbeerblätter mit rotem Bindedraht an den Stielen fixieren.

Eine Bank erblüht

Stand die Gartenbank bisher wie ein Mauerblümchen unbeachtet in einer Ecke, ist sie nach dem Anstrich absolut nicht mehr zu übersehen. Die strahlenden Farben und die aufgemalten Blumenranken machen die Bank zum Lieblingsplatz der Familie, selbst wenn die Sonne mal nicht scheint. Damit der Lackauftrag eine glatte Oberfläche hat, wird das Holz der Bank mit einem feinen Schmirgelschwamm leicht angeschliffen. Dann den Schleifstaub mit einem feuchten Tuch entfernen. Bemalen Sie die Bank rundum mit gelborangefarbenem Acryllack, am besten geht das mit einem Flachpinsel. Nach dem Trocknen verzieren Sie die Leisten mit Hilfe einer Schablone: Dazu gibt es zwei Möglichkeiten: Sie können die Schablone auflegen, die Konturen mit Bleistift aufzeichnen und danach die Motive mit den verschiedenen Farben ausmalen. Die andere Variante ist, die Schablone zu platzieren, mit Klebestreifen zu fixieren, und dann die Farbe der Motive direkt mit einem Stupfpinsel aufzutragen. Nach dem Trocknen die Schablone versetzen, mit Klebeband fixieren und immer so weiterarbeiten, bis alle Leisten der Bank verziert sind.

Windlichter für Abendstunden

Wer hätte gedacht, dass unter den Schirmchen Weingläser stecken, wirken sie doch wie richtige Lampenfüße. Sie benötigen Naturfaserpapier mit Blütenblätter, Gräsern oder groben Fasern. Die Vorlage für den Schirm von Seite 169 übertragen Sie erst auf Zeitungspapier, und überprüfen, ob der Umfang groß genug ist für die entsprechenden Weingläser. Wenn nicht, verlängern Sie einfach den Bogen oben und unten um ein paar Zentimeter, die Längskanten sollten ca. 1 bis1,5 cm als Klebelasche übereinandergelegt werden können. Aus dem Faserpapier ausschneiden und aufeinander kleben. Nach Belieben mit Röschen, Perlenscheiben oder einer dünnen Kordel, die über Kreuz geschnürt wird, verzieren.

Sommerfrische für Ihre Pflanzen

Viel Platz für Ihre Topfplanzen bietet dieses Eckregal – und das auf kleinstem Raum. Durch die gestufte Anordnung erhalten alle Pflanzen genügend Sonne und können so prächtig gedeihen.

Die Zutaten sind denkbar einfach, Ytongsteine, Leimholzbrett und Dispersionsfarbe, und das alles aus dem Baumarkt. Möchten Sie das Regal zur dauerhaften Einrichtung gestalten, können Sie die Steine auch mit Fliesenkleber zusammenkleben, aber auch ohne Kleber ist es durch die Bretter und die Ecklage stabil.

Sie benötigen sechs je 7,5 x 62,5 x 25 cm große Ytongsteine. Für die unterste Stufe sägen Sie mit der Handsäge einen Stein der Länge nach durch, das geht ganz einfach, denn der Stein ist butterweich. Beide Hälften legen Sie auf die über Eck gestellten Steine, so erhalten Sie eine Höhe von 37,5 cm. Das Regalbrett sägen Sie aus einem 1,5 m x 0,5 m großen Brett nach den Maßangaben der Schemazeichnung (Seie 169) aus. Das Brett weiß streichen, ebenso die Steine, und das Brett auf die Steine legen. Für die mittlere Stufe zwei Steine mit je 50 x 25 cm zusägen. Diese auf die Kanten des Brettes stellen, und ein weiteres Brett nach den Maßangaben zusägen. Erneut streichen und die Steine damit belegen. Für die oberste Stufe teilen Sie den letzten Stein in ein 35 cm und 27,5 cm langes Stück. Das längere Stück wird in die Ecke geschoben. Das letzte Brett aussägen, und alles mit Dispersionsfarbe streichen.

Nun legen Sie eine Rankenschablone auf die vorderen Kanten der Ytonsteine auf und tupfen mit einem Schwamm oder Pinsel die grüne Farbe auf. Die Bordüre lässt sich durch erneutes Ansetzen beliebig verlängern.

Herbst-Reife

Seufzend in geheimer
Klage
Streift der Wind das
letzte Grün;
Und die süßen
Sommertage,
Ach, sie sind dahin,
dahin!

Theodor Storm

Die Früchte des Herbstes

In warmen Farben schwelgt der Herbst und nicht umsonst spricht man vom goldenen Oktober. Die intensiven Gelb-Orange-Töne der Zierkürbisse strahlen mit dem Gelb der Maiskolben um die Wette, die Blätter des Zierahorns stellen sich in allen Rottönen dar. Die farbliche Gestaltung des Tisches taucht Ihr Esszimmer in ein goldenes Licht, die großzügige Anzahl der Früchte und Blätter weist auf eine reiche Ernte hin.

Wie unter einem Schleier verdeckt hält ein grobes Band aus orangefarbenem Sackleinen oder Kunststoff die Ahornblätter im Zaum. Sehr reizvoll wirkt die dadurch ebenfalls leicht verdeckte Umrandung der Filzsets.

Keramikteller in satten Gelb- und Violetttönen, die wie von Hand gemacht wirken, nehmen den harmonischen Farbklang auf.

Interessant wirkt die Tischdekoration mit den verschiedenfarbenen Tellern und Servietten. Mischen Sie ruhig Gelb-, Braun- und Violetttöne in allen Varianten. Selbst mit weißem Geschirr lässt sich das Ganze gestalten, dann legen Sie farbige Servietten auf die Teller.

Feldfrüchte fürs Auge

Die Maiskkolben sind frisch vom Feld, also nicht zum Kochen geeignet. Ziehen Sie die Blätter, die den Kolben umhüllen, eins nach dem anderen bis auf ein Drittel der Länge des Maiskolbens herunter. Sie können die Kolben nach dem Dekorieren trocknen lassen, und im Winter für Vögel nach draußen hängen. Ein Bündel mit Maiskolben wirkt vor dem Fenster aufgehängt, dekorativ und hat außerdem Unterhaltungswert, denn Sie können die verschiedensten Vögel beobachten, die die Körner abpicken.

Eine wirklich vollendete Form haben die Zierkürbisse, die man sogar essen kann. Sie können Sie wie andere Kürbisse auch, als süßsaures Chutney oder als Suppe zubereiten.

Ein kleiner Plausch gefällig? Die Zierkürbisse im Gänselook finden Halt durch Gardinenringe oder runde Döschen.

Der filigrane, herbstlich gefärbte Zierahorn wirkt mit dem darüber gelegten Sackleinen wie feinste Spitze.

Reiche Ernte fürs ganze Jahr

Das Erntedankfest, einmal auf ganz moderne Weise interpretiert: Äpfel und Birnen aus verschiedenen Baumwollstoffen sind ein wahrer Augenschmaus. Die kleinen Ästchen als Stiel lassen die bunten Früchte sogar fast echt erscheinen.

Anleitung für Äpfel und Birnen Die Vorlage für die Schnittteile der Äpfel und Birnen finden Sie auf Seite 171. Kopieren Sie die Vorlagen, und schneiden Sie sie aus. Die Schnittteile für die Birne je zweimal, für den Apfel je viermal aus verschieden gemusterten Stoffen in Grün-, Rot- und Gelbtönen mit jeweils 0,5 cm Nahtzugabe zuschneiden. Wenn Sie möchten, können Sie kleine Flicken auf die Zuschnitte mit der Nähmaschine aufnähen. Legen Sie die Zuschnitte rechts auf rechts aufeinander, und nähen Sie die Nähte 0,5 cm breit von x bis x. Achtung, bei dem Apfel müssen vier Nähte geschlossen werden. Die Nahtzugaben an den Rundungen bis 1 mm vor die Naht senkrecht einschneiden, so lassen sie sich besser ausformen. Die Nähte bügeln und die Teile durch die Öffnungen wenden. Füllen Sie Apfel und Birne mit Füllwatte, bis sie prall gepolstert sind. Umnähen Sie die jeweils oberen Öffnungen mit einigen Handstichen, und stecken Sie das Ende eines Ästchens hinein. Nun den Nähfaden fest anziehen, dass er das Ästchen umschließt. Sitzt es fest, stechen Sie mit der Nadel senkrecht durch die Füllwatte nach unten und umstechen auch dort die Öffnung. Fest anziehen, sodass sich die Öffnung schließt und gleichzeitig etwas eingezogen wird. Zum Schluss den Faden gut vernähen.

Pilze – garantiert ungiftig

Eine individuelle Note erhalten die Geschirrtücher, bemalt mit Fliegenpilzen in verschiedenen Größen. Sie eignen sich gut als Geschenk an liebe Freunde, aber auch an Sie selbst. Die Stoffmalfarbe wird durch Bügeln von der Rückseite her fixiert, und ist problemlos waschbar.

Sie benötigen Rot, Braun, Gelb und Weiß. Fertigen Sie nach der Vorlage auf Seite 171 eine Schablone an, oder übertragen Sie die Vorlage mit Schneiderkopierpapier auf die Geschirrtücher. Malen Sie erst den Kopf in Rot, dann das Futter in dünnen Strichen in Gelb und Braun, ebenso den Stiel. Diesen nur teilweise ausmalen, oder die Farbe mit „trockenem Pinsel" verstreichen. Ist die Farbe am Kopf trocken, kleine weiße Punkte unregelmäßig verteilt um die Spitze herum auftupfen.

Blumenschürze für Küche und Garten

Die Sonnenblumen auf der Schürze verbreiten gute Laune und lassen die Arbeit noch mal so schnell von der Hand gehen.

Sie benötigen 90 cm breiten Baumwollstoff mit Blumendruck sowie kleine Reste in Kontrastfarben für die Tasche und die Blüten. Außerdem einen Rest Vliesofix zum Aufkleben der Blüten.

Schneiden Sie die Schürze nach den Maßen der Schemazeichnung auf Seite 171 zu, ebenso ein Rechteck für die Tasche (17 x 22 cm), vier Bänder (je 60 x 8 cm) und die Blüten nach der Vorlage.

Alle Bänder längs links auf links legen, und eine Seitenkante und die Längskante 1 cm breit aufeinander steppen. Die Bänder mit Hilfe eines Kochlöffels wenden und bügeln.

Bügeln Sie die Kanten der Schürze rundum zweimal je 1 cm auf die linke Stoffseite und stecken Sie die Kanten fest. An die Seiten und an die obere Querkante die Bänder unter die Bügelkanten stecken. Steppen Sie rundum den Saum schmalkantig fest, dabei die Bänder mitfassen. Die Blüten mit dem Vliesofix aufkleben, und rundum mit engem Zickzackstich aufsteppen. Die Kanten der Tasche an drei Seiten 1 cm auf die linke Seite bügeln. Über die obere Seite ein farblich passendes Schrägband stecken, dabei Anfang und Ende einschlagen, und schmalkantig feststeppen. Die Tasche schräg auf der Schürze in gewünschter Höhe schmalkantig aufsteppen.

Schnecken in der Küche

Schnecken in der Küche sind nicht wirklich gern gesehene Gäste. Aber die Topflappenschnecke werden Sie nicht mehr aus der Hand legen, denn Sie leistet Ihnen gute Dienste. Vergrößern und übertragen Sie die Form von der Vorlage auf Seite 172 mit Schneiderkopierpapier zweimal auf beigefarben gemusterten Stoff – es dürfen verschiedene Muster sein. Außerdem einmal auf dickes Volumenvlies übertragen und alles ausschneiden. Das Volumenvlies auf eine Rückseite aufbügeln. Beide Teile rechts auf rechts aufeinanderlegen und mit 0,5 cm Nahtzugabe aufeinander steppen. Einen kleinen Schlitz zum Wenden offen lassen. Die Nahtzugaben rundum senkrecht bis 1 mm vor die Naht einschneiden, die Naht bügeln und die Schnecke wenden. Die Kanten ausformen und erneut bügeln, dabei die Nahtzugaben am Schlitz einklappen. Die Schneckenspirale mit braunem Garn und Zierstich absteppen, dabei den Schlitz zunähen.

Schnelle Schneckenideen

Als Dekoration für eine Anrichte oder fürs Büfett eignet sich die Schale mit Weinflasche und Weinlaub. Fixieren Sie am Boden die roten Kerzen mit Wachsplättchen, und legen Sie die Flasche schräg hinein, mit vielen Weinblättern, Efeuranken, roten und weißen Weintrauben ergänzen. Mehrere Weinkorken mit dünnem Wickeldraht zur Kette verbinden und locker dazwischen legen. Die Deko mit Schneckengehäusen aus dem Dekoladen ergänzen.

Gegen Tropfen hilft ein einfacher Filzstreifen, der mit einer Wäscheklammer um den Flaschenhals gelegt wird. Auf die Klammer ein Schneckengehäuse kleben.

Festtafel ganz besonderer Art

Die Sonnenblume ist hier der Mittelpunkt des Geschehens, und sollten Sie noch einen schönen warmen Frühherbsttag haben, dann nutzen Sie ihn, und decken Sie den Tisch im Freien. In einer geschützten Ecke auf Balkon oder Terrasse, die die Sonne erwärmt, lässt es sich um die Mittagszeit noch gut aushalten.

Für die Tischsets schneiden Sie mit einer Zackenschere aus braunem Tonkarton Kreise mit etwa 25 – 30 cm Durchmesser. Gelbes Krepppapier in 10 cm Breite legen Sie in 5 cm breite Ziehharmonikafalten und schneiden diese an den oberen Seiten schräg in Blütenblattform ab. Den Streifen auseinanderziehen und gerafft unter die braunen Kartonscheiben als Blütenblätter legen. Überstehendes abschneiden und für das nächste Platzset verwenden. Den Essteller darauf stellen und mit einer Sonnenblume schmücken.

In größeren Glasvasen ein Trinkglas hineinstellen und eine Sonnenblume mit kurzem Stiel hineingeben. Die Vase um das Glas herum mit Kieselsteinen auffüllen, wenn noch Platz ist, eine gelbe Kerze hineinstecken.

Das Blumengesteck in der Mitte wird mit einem gewässerten Steckmoosblock gehalten, der in einer Schale liegt. Die Sonnenblumen verschieden kürzen und einstecken.

Zartgelbe Servietten kreisförmig zurechtschneiden, als Achtel falten, und die Spitzen wie beim Krepppapier abschneiden. Zwei Servietten versetzt übereinander legen, ein konisches Glas mittig darauf stellen und die Serviette nach oben legen. Mit Bast umbinden.

Brot und Salz zum Einzug

Ein traditionelles Geschenk zum Einzug in die neuen vier Wände ist Brot und Salz, das Glück und Wohlstand bringen soll. Verpacken Sie den Brotlaib doch in einen Blumenstrauß, so schlagen Sie gleich zwei Fliegen mit einer Klappe. Die leuchenden Herbstastern in Orange und die orangeroten Freesien ergeben zusammen mit hellem und dunklen Blattgrün eine stimmungsvolle Komposition. Für das Salz bohren Sie mit einem Messer ein kleines Loch in die Mitte eines runden Brotlaibs und drücken Sie einen Salzstreuer fest hinein. Damit das Brot Halt im Strauß findet, stecken Sie über Kreuz je zwei feste Blumendrähte quer durch, die Sie wie Stiele nach unten unter die Brotmitte führen und dort miteinander verdrehen. Die Blumen kreisförmig um den Laib anordnen, dabei die Stiele darunter, zusammen mit den Drähten festhalten. Ebenso die grünen Zweige anordnen, zum Schluss alle Stiele mit Bast fest umbinden.

Natürlich verpackt

Die Natur stand Pate für diese Geschenkverpackung. Die farbig getupften Ahornblätter sind mit einer selbst angefertigten Schablone aus Karton aufgedruckt. Mohnkapseln und Naturbast ergänzen das apfelgrüne Papierfaserband zu einer perfekten Schleifendekoration.

Für die Schablone legen Sie ein Ahornblatt auf einen dünnen, aber festen Karton und zeichnen die Konturen nach. Das Blatt mit einem Cutter oder Skalpell herausschneiden. Nun breiten Sie einen Bogen Packpapier auf dem Tisch aus und legen die Schablone darauf. Geben Sie wenig grüne und hellbraune Dispersionsfarbe auf zwei kleine Untersetzer, und nehmen Sie vorsichtig etwas Farbe mit einem Naturschwamm von einer Farbe auf. Den Innenbereich der Schablone damit durch leichtes Auftupfen färben. Ist die Farbe trocken, die zweite Farbe aufnehmen, und noch einmal darüber tupfen. Sie können natürlich auch alles in einer Farbe bedrucken, probieren Sie die vielfältigen Möglichkeiten aus. Ordnen Sie die Schablone im Alloverdruck oder als Reihe, aber auch übereinander gelagert an, wie es Ihnen gefällt. Nun packen Sie das Geschenk damit ein, und binden die Papierkordel über Kreuz darum. In den Knoten binden Sie naturfarbenen und weinroten Bast, unter den Knoten legen Sie Mohnkapseln und rot gefärbte Blätter. Die Enden des Papierbandes auseinander ziehen, das ersetzt die Schleife.

Federleichte Buchstütze

Die Gestaltung der Buchstütze mit Federn ist das Gegenteil zur schweren Aufgabe, die diese zu erledigen hat. Aber es funktioniert, denn nur die Wirkung vermittelt Leichtigkeit, in Wirklichkeit ist es ein schwerer Brocken. Um das benötigte Gewicht zu erhalten, brauchen Sie zwei Leimholzbretter in 25 mm Stärke, je 15 cm breit und 20 cm und 15 cm lang. Außerdem drei Holzkugeln mit Bohrung, mit den Durchmessern 10, 8 und 5 cm, einen 23 cm langen Holzstab, der durch die Bohrungen der Kugeln passt, Holzleim, Krakelierlack, braunen und weißen Acryllack und Servietten mit Federmotiven, dazu einige Federn.

Bohren Sie in die Mitte des kürzeren Brettes ein Loch mit dem Durchmesser des Rundholzes, und kleben Sie dieses hinein.

Kleben Sie die Schmalseite des kürzeren Brettes an die senkrechte Seite des längeren Brettes, und fixieren Sie alles bis zum Abbinden des Leims mit Schraubzwingen.

Grundieren Sie die Bretter und Kugeln mit braunem Lack, darüber streichen Sie Krakelierlack, darüber den weißen Lack. Nach dem Trocknen die Federn und braunen Ränder in Servietten-Technik von Seite 28 aufkleben. Die Kugeln auf das Rundholz schieben und oben einige Federn hineinstecken.

Federn für Tisch und Tafel

Mit Mokkabraun und Grau mit wenig Weiß liegen Sie absolut im Trend, und was liegt näher, als die elegante und leichte Wirkung mit Federn zu betonen. Noch dazu, da Federn von Natur aus die gleiche Farbigkeit haben.

Die Federn erhalten Sie im Bastelbedarf, die übrigen Zutaten finden Sie in Ihrem Haushalt. Die Halterung besteht aus zwei aufeinander geklebten Holzperlen. Kleben Sie die Federn in die obere Bohrung. Der Tisch ist mit einer mittel- bis dunkelbraunen Decke gedeckt, Sie können auch eine einfache Stoffbahn oder Papiertischdecke verwenden. Verteilen Sie möglichst viele Federn stehend und liegend darauf, zwischen die Gedecke in Weiß und Grau streuen Sie Kaffeebohnen und stellen Kerzengläser, die am unteren Rand mit Federn dicht beklebt sind.

Blätter-Perlen-Ketten

Ob Sie nun für die Ketten einen Platz am Fenster, an der Wand oder neben einem Durchgang wählen, die spielerische und leichte Wirkung ist immer bezaubernd. Die kleinen Glöckchen am Ende jeder Kette klingeln bei der kleinsten Berührung, die glänzenden Perlen stehen im Kontrast zu den transparenten, farbigen Skelettblättern und steigern gegenseitig die Wirkung.

Sie benötigen eine Holzleiste in Breite des Fensters oder der Wand, die Sie schmücken möchten. Zum Fixieren der Ketten brauchen Sie je eine Pinnwandnadel, zum Auffädeln eine Perlennadel und verschieden große Perlen und Rocailles, Skelettblätter in verschiedenen Rot-, Orange- und Gelbtönen, außerdem dünnen Bindedraht und für jedes Kettenende ein Glöckchen. Schneiden Sie den Draht etwa einen halben Meter länger, als die Kette sein soll, und fädeln Sie ihn in die Perlennadel.

Beginnen Sie von oben nach unten mit dem Fädeln der Perlen. Um Abstand nach einigen Perlen zu erhalten, binden Sie mit dem Draht einen Knoten unterhalb einer Perle. Zwischen die Perlen schieben Sie in unregelmäßigen Abständen Blätter auf den Draht. Als unteren Abschluss jeder Kette ein Glöckchen einknoten.

Pension Meisenhof

Treffpunkt für Piepmätze

Wenn Sie Glück haben, wohnt nach kurzer Zeit schon eine Familie im Nistkasten. Entscheidend ist, dass der Kasten mindestens 1,5 m über dem Boden befestigt wird. Die Lochgröße sollte nicht größer als 30 mm sein, sonst meiden die Vögel den Kasten. Sie können ihn aber auch einfach als Futterstelle aufhängen, dann machen Sie das Bodenbrett einfach ein bisschen größer.

Sie benötigen zum Bau des Kastens 2 Fichtenholzbretter in 18 mm Stärke, 0,25 m x 1,05 m groß. Als Werkzeug sollten Sie Zirkel, Pinsel, Bleistift, Lineal, eine Stich- oder Laubsäge und eine Bohrmaschine parat haben. Weiter brauchen Sie Acrylfarben in Weiß, Blau und Braun, ein Rundstäbchen aus Holz, ca. 8 cm lang, Schleifpapier und einen Schraubhaken. Zeichnen Sie die Vorder- und Rückwand nach der Zeichnung auf Seite 172 auf die Bretter auf, außerdem zwei Seitenwände mit je 18 x 25 cm, je eine Dachfläche mit 22,5 x 28 cm und 21 x 28 cm, den Boden 28 x 25 cm. Alle Teile aussägen, anschließend das Einflugloch in die Vorderwand bohren. Darunter ein Loch für die Sitzstange bohren und diese einkleben. Bestreichen Sie die senkrechten Kanten der Seitenwände mit Holzleim, und stellen Sie sie bündig zwischen Vorder- und Rückwand. Mit zwei Schraubzwingen pressen, bis der Leim abbindet. Die Dachbretter auf die Giebelseiten und gleichzeitig miteinander verkleben, das längere Brett deckt in der Spitze das kürzere ab. Die Unterkanten des Kastens mit Holzleim bestreichen und an drei Seiten bündig auf das Bodenbrett setzen, vorne steht das Brett über.

Bemalen Sie den Nistkasten mit verdünnter Acrylfarbe, Sie können ihn auch naturfarben belassen. Drehen Sie in die Rückwand oder den Dachfirst, je nachdem, wo Sie den Kasten aufhängen, die Ringschraube.

Die Öffnung des Nistkastens sollte möglichst nach Südosten zeigen. Auf der Homepage vom Deutschen Vogelschutzbund finden Sie genaue Angaben zu den Lochgrößen der einzelnen Vogelarten.

Beerengenuss

Brombeeren und Himbeeren, ein Genuss erster Güte! Eckige Glasgefäße sind mit rotem Japanpapier umwickelt, das mit goldfarbenem Bindedraht gehalten wird. Fädeln Sie dazwischen verschieden große Wachsperlen, und stecken Sie zur Zierde ein Brombeerblatt dazu.

Für die Rose wurde die Vase gebastelt: Schneiden Sie einen Trockenschaumblock zum Quader, und drücken Sie oben ein Reagenzröhrchen so weit hinein, dass der Rand abschließt. Den Quader wie die Glasgefäße mit Papier und Bindedraht umwickeln, zusätzlich Skelettblätter in Orange darunterbinden. Die Rose kürzen, in die Vase stellen und den Rand mit Brombeeren und Himbeeren auffüllen.

Kleine Tontöpfe sind gefüllt mit Lampionblumen und künstlichen Vogelbeeren, denn echte sind giftig. Natürlich können Sie stattdessen auch Hagebutten verwenden, einfach alles, was Sie in der Natur finden.

Beeriges Herz an der Tür

Einen herzlichen Willkommensgruß zeigt dieser Türschmuck jedem Besucher. In der Herbstzeit ist er mit Beeren und Efeu geschmückt, die Sie aber in jeder anderen Jahreszeit problemlos austauschen können. Sie benötigen ein fertig gebundenes Herz als Grundlage, darüber binden Sie ganz locker und mit einem langen, etwas seitlich geformten Schweif Reisigranken. Herz und Reisig erhalten Sie im Blumen- oder Bastelladen. Sie legen die Ranken über das Herz, und umwickeln das Ganze locker mit dünnem Bindedraht. Am Rand entlang stecken Sie mehrere Efeuranken, die locker nach unten auslaufen. Gebleichten Bastelhanf locker zerzupfen und über der Herzmitte verteilen. Durch leichtes Andrücken hält der Hanf im Reisig. Nun noch kleine Beerenästchen von Efeu, Holunder, Vogelbeere, Hagebutte und was das Feld sonst nocht bietet, entlang des Randes und in die Mitte stecken.

Exotik in heimischen Gefilden

Wild und exotisch sind die Accessoires für diese Tischdekoration. Und selbst wenn es in Afrika keine echten Tiger gibt, hat man doch das Gefühl, „Jenseits von Afrika“ zu sitzen. Die wilden Tiere gibt es in allen Größen im Spielwarengeschäft, wahrscheinlich finden Sie aber auch einige davon in der Spielkiste Ihrer Kinder.

Die Platzteller sind mit Windowcolour verziert, wenn Sie vorsichtig beim Abspülen sind, können Sie sie mehrmals verwenden.

Zeichnen Sie auf ein Papier das Fellmuster einer Wildkatze und schieben Sie das Papier in eine Prospekthülle. Malen Sie die Flecken zuerst vollständig mit bernsteinfarbener Windowcolour aus, und geben Sie dann einen kleinen Klecks Schwarz oder Dunkelbraun in die noch nasse Farbe. Ziehen Sie die Farben mit einem Zahnstocher schlierenhaft ineinander, und lassen Sie sie trocknen. Danach die Flecken einzeln von der Hülle abziehen und auf dem Tellerrand platzieren.

Zur Umrandung des Tellers binden Sie vier 40 cm lange Bambusstäbe an den Ecken über

Kreuz mit orangefarbenem Bast zusammen. Dafür die Bambusstäbe zu einem Rechteck legen, sodass sich die Enden etwa 5 cm überschneiden. An den Ecken mit orangefarbenem Bast verknoten. Zusätzlich mit Perlen verzieren. Die Serviette zusammenrollen, dick mit Bast umwickeln, und mit einer Korkscheibe und Perlen dekorieren. Eine dicke weiße Kerze mit Kerzenstiften im „Fellmuster" bemalen, den unteren Rand ebenfalls mit Bast dick umwickeln. Als Tischdecke nehmen Sie eine Sonnenmatte aus Bast.

Orientalisches Kissen in Herbstfarben

Das edle Paisleymuster, das aus Persien kommt, ist nicht etwa von Hand aufgemalt, sondern direkt von einer Serviette übertragen, und Sie müssen noch nicht mal das Kissen nähen. Mit ein paar von Hand aufgetragenen Paisleys und Punkten in Gold und Pink wird das Ganze zum individuellen Deko-Objekt.

Sie benötigen einen orangefarbenen Kissenbezug, der etwa 40 x 40 cm groß ist. Öffnen Sie den Reißverschluss und legen Sie das Innere mit Haushaltsfolie aus, so gelangt beim Kleben und Malen keine Farbe auf die Rückseite. Nehmen Sie eine Serviette mit orientalischem Muster, und schneiden Sie Musterstreifen so aus, dass Sie den Rand des Kissens gestalten können. Wenn Sie Glück haben, ist die Serviette so groß, dass Sie nur das Innere herausschneiden müssen. Arbeiten Sie nach der Servietten-Technik auf Seite 28. Streichen Sie den Serviettenkleber dick über die Motive, sodass der Stoff und die Serviette vollständig damit durchdrungen sind. Lassen Sie den Kleber am besten über Nacht trocknen.

Zeichnen Sie nun einzelne Motive, Punkte oder Linien des Musters mit goldfarbenem Glitterliner aus der Tube nach, zum Beispiel die Herzen und Punkte auf der Serviette. Malen Sie frei Hand in die Mitte der Serviette Paisleys, die Sie zusätzlich mit pinkfarbenen Pluster- und Glitterpunkten füllen.

Um den äußeren Rand des Musters schreiben Sie mit goldfarbenem Glitterliner eine Verszeile oder einen Glückwunsch, wenn Sie das Kissen verschenken. Sind die Farben getrocknet, nehmen Sie die Haushaltsfolie heraus.

Auch Nelken haben, wie das Paisleymuster, ihren Ursprung in Persien. Mit kurzem Stiel in kleinen Kugelvasen kommen sie als einzelne Blüten besser zur Geltung als im großen Strauß.

Winter-Zauber

Es treibt der Wind im
Winterwalde
Die Flockenherde wie
ein Hirt
Und manche Tanne
ahnt, wie balde
Sie fromm und
lichterheilig wird.

Rainer Maria Rilke

Schneeflocken am Fenster

Sind Sie ganz ungeduldig, bis der erste Schnee endlich fällt? Dann verkürzen Sie sich die Wartezeit mit den flauschigen Wollpompons an Stricklieselschnüren, die ein Vorgeschmack auf die ersten Schneeflocken sind.

Ganz schnell sind die Schnüre mit einer Strickmühle (Anleitung beiliegend) gemacht, die Sie im Wollladen erhalten. Mit 50 g naturfarbener Wolle, Lauflänge ca. 125 m, haben Sie in etwa einer Stunde insgesamt 8 m Schnur hergestellt. Natürlich können Sie Ihre Kinder auch animieren, mit der Strickliesel daran zu arbeiten. Pro Pompon schneiden Sie aus dünnem Karton zwei Kreise mit 8 bis 10 cm Durchmesser zu, das Innere mit 4 cm Durchmesser herausschneiden. Fädeln Sie die Wolle doppelt auf eine dicke Nadel, und umwickeln Sie die aufeinander gelegten Kartonscheiben dicht an dicht mit der Wolle, bis in der Mitte nur noch ein kleines Loch frei ist. Geht dazwischen der Faden zu Ende, immer wieder neu auffädeln; Anfang und Ende der Fäden immer nach außen überstehen lassen. Schneiden Sie mit einer Schere vorsichtig die Wicklungen zwischen den Scheiben auf. Nun einen 50 cm langen Faden zwischen die beiden Scheiben legen und fest zusammenbinden. Die Scheiben einschneiden und herausziehen. Bei Bedarf die Pompons mit einer Schere gleichmäßig rund schneiden. Mit den Fäden den Pompon an einer Strickschnur festnähen, diese über dem Fensterrahmen mit einer Pinnnadel fixieren.

Himmlische Kissen in Pastell

Die fröhlichen Engel in Gelb-Gold-Tönen sind kuschelig und zieren Ihr Sofa auf ganz besondere Weise.

Sie benötigen insgesamt 1,0 bis 1,5 m Baumwollstoffe bei 90 cm Breite in verschiedenen Gelb-Weiß-Gold-Mustern, außerdem Nähfaden in Gold, Weiß und Braun. Für die Applikation des Engels und der Sterne einen Rest Vliesofix, und einen Rest Stickgarn fürs Gesicht.

Die Vorlagen für die applizierten Engel finden Sie auf Seite 172/173, außerdem die Einteilung der Streifen der Kissenvorderseite. Schneiden Sie die Teile des Engels und die Sterne ohne Nahtzugabe, die übrigen Teile mit 1 cm Nahtzugabe zu, außerdem je Kissen zwei Rückteile mit je 42 x 25 cm.

Übertragen Sie die Engel mit Schneiderkopierpapier auf die Stoffe und das Vliesofix, schneiden Sie alles aus und bügeln Sie Vliesofix auf die Rückseite der Teile. Entsprechend der Vorlage auf den Mittelteilen platzieren, aufbügeln und mit engem Zickzackstich mit den entsprechenden Farben am Rand entlang aufsteppen. Jetzt an zwei gegenüberliegenden Seiten den kürzeren Streifen 1 cm breit feststeppen, dann die beiden längeren Streifen. Mit dem nächsten Streifenrand genauso verfahren. Die Nähte bügeln und mit Gold 1 cm breit absteppen. Das Gesicht mit Knötchenstich (Seite 15) und Steppstich aufsticken.

Für die Rückseiten an beiden Teilen die Längskanten zweimal je 1 cm auf die linke Seite bügeln und 1 cm breit steppen. Die Hälften mit den Nähten links auf rechts übereinanderlegen, sodass ein 42 x 42 cm großes Quadrat entsteht. Beide Hälften aufeinanderstecken, das Vorderteil rechts auf rechts darüberlegen und 1 cm breit steppen. Die Nähte versäubern, bügeln und wenden.

Leuchtender Kranz

Ein Kranz ohne Äste, dafür aber dauerhaft leuchtend, selbst wenn die Kerzen nicht brennen. Sind auch die elektrischen Kerzen ausgeschaltet, wirkt er immer noch äußerst attraktiv. Und das Beste ist, Sie können ihn im nächsten Jahr wieder verwenden und vielleicht als Alternative ins Fenster hängen.

Die wenigen Zutaten bekommen Sie im Bau- und Bastelmarkt: 35 cm Kükendraht in 100 cm Breite von der Rolle, eine Lichterkette mit 40 oder mehr Lämpchen, eine Packung naturfarbenen Bastelhanf, und weißes festes Nähgarn. Formen Sie den Kükendraht längs zur Rolle, und legen Sie die Lichterkette so hinein, dass an einer Seite das Kabel mit Stecker heraushängt. Nun verhaken Sie die offenen Drähte der Längskanten miteinander, sodass die Rolle geschlossen wird. Zum Formen des Kreises biegen Sie die Rolle allmählich zum Halbrund und dann zum Kreis, am besten geht das, wenn Sie den inneren, kleinen Kreis durch Zusammenschieben der Drahtmaschen formen. Ist der Ring gelungen, dann haken Sie die offenen Drähte der Enden ineinander, dabei das Kabel heraushängen lassen. Nun zerzupfen Sie den Bastelhanf und legen ihn wie eine lockere Hülle über den Ring. Fixieren Sie den Hanf durch Umwickeln mit Nähfaden, dabei können Sie den Hanf noch gleichmäßig verteilen. Legen Sie den Kranz auf den Tisch oder auf einen großen Platzteller und stellen Sie verschieden dicke und hohe weiße Kerzen hinein, oder hängen Sie ihn ans Fenster oder an die Wand, beim Einschalten verströmt er am Abend ein sanftes Licht.

Liebevoll in Szene gesetzt

Auf wenige Zutaten und Farben reduziert sind die weihnachtlichen Fenster- und Tischdekos dieser Seite. Gerade deswegen ist die Wirkung aber enorm. Die Bäumchen sind mit graugrünem Islandmoos geformt, es verbirgt sich eine Styroporkugel darunter, in der Drähte stecken, die zur Spitze führen. Das Moos darüberlegen und mit Silberdraht umwickeln. Halt bekommt das Bäumchen durch Steckschaum im Topf, der ebenfalls mit Moos abgedeckt ist. Weihnachtskugeln umringen den „Stamm", der vorher der Ast eines Strauches war.

Auch das Gesteck mit Zimtstangen und Kerze steckt im Topf mit Steckschaum, darüber liegt Moos, in dem sich Engel und Sterne tummeln. Feenhaar locker darüber drapieren.

Wilder Kranz

Wild wachsender Asparagus, der als luftiger Kranz geschlungen wurde, ist die einzige Zutat dieses malerischen Kranzes. Sie benötigen einen Drahtring mit ca. 40 cm Durchmesser, an dem Sie dünne Drähte zur Aufhängung fixieren. Dann locker die Asparaguswinden darum drapieren und mit silbernen Hängern verzieren.

Nur eine satinierte Kugel in Grün, eine versilberte Schale in Weiß und silberfarben besprühtes Geflecht, wirkungsvoller ist es kaum möglich.

Elegantes Kerzengesteck

An Eleganz kaum zu überbieten, ist dieses Gesteck in Silber und Braun. Es ist nicht nur eine Zierde für jedes Fensterbrett, auch auf der Anrichte oder dem Esstisch entfaltet es seine bezaubernde Wirkung. Wenn Sie vier Gestecke davon anfertigen, haben Sie außerdem einen Ersatz für Ihren Adventskranz.

Sie benötigen einen konischen, höheren Blumenübertopf aus satiniertem Glas oder aus Keramik in Grau-Weiß-Tönen. Den Topf füllen Sie bis 2 cm unterhalb des Randes mit Steckschaum, der fest in den Topf eingepasst wird. Binden Sie um etwa zehn kleine Tannen- und Fichtenzapfen Blumendrähte, und bündeln Sie mehrere kurz geschnittene Reisigästchen, trockenes Thymian- oder Heidelbeerkraut ebenfalls mit Blumendraht. Für den Halt der Kerze nehmen Sie einen stärkeren Nagel ohne Kopf, ersatzweise geht auch ein starker Draht, machen diesen in einer Kerzenflamme heiß und drücken ihn von unten in die Kerzenmitte. Am besten Nagel oder Draht mit einer Zange halten, denn beide Materialien werden sehr heiß.

Legen Sie Tannenzweige und Ästchen auf eine dicke Lage Zeitungspapier und spritzen Sie sie mit silberfarbenem Sprühlack. Während die Farbe noch nass ist, gleichzeitig Silberglimmer aus der Streudose darüberstreuen; der Glimmer wird mit dem Lack fixiert. Stecken Sie die Kerze mit dem Nagel in die Mitte des Topfes, und umlegen Sie diese mit Platten- oder graugrünem Islandmoos. Stecken Sie zuerst die gebündelten weiß-silbernen Ästchen und dann die Zapfen rundherum in das Moos. Zum Abschluss noch einzelne transparente Kugeln einfügen.

Auch dieser Stern ist selbst gemacht: Kurze fliederfarbene Perlennadeln fixieren die dicht aneinandergesetzten Pailletten auf dem Stern aus Styropor. Die Zutaten erhalten Sie alle im Bastelladen.

Moderner Kranz in Silber

Schnell gemacht mit großer Wirkung: Den Kranz aus Reben kaufen Sie im Blumen- oder Bastelladen, dazu eine Dose silberfarbenen Sprühlack. Sie benötigen außerdem etwa 5 m weiße Tüllschleife, die etwa 5 bis 6 cm breit ist, und 4 silberne Kerzenhalter mit Dorn, auf die Sie die Teelichthalter stellen. Legen Sie den Kranz auf einige Bögen Zeitungspapier, und spritzen Sie den Kranz vollständig silberfarben, am besten geht das im Freien. Stecken Sie die Kerzenteller nebeneinander in den Kranz, und stellen Sie die Teelichtgläser darauf. Binden Sie vier Schleifen mit langen Enden, und drapieren Sie sie auf dem Kranz. Einen Draht mit kleinen silberfarbenen Sternen locker zwischen Schleifen und Gläser über den Kranz legen.

Üppiger Kranz in Weiß und Gold

Dieser üppige Tannenkranz ist in Weiß und Gold gehalten und wirkt dadurch traditioneller als der silberfarbene. Durch die asymmetrische Anordnung der Kerzen und Rosen wirkt er trotzdem sehr elegant und modern. Kaufen Sie einen Kranz aus gemischten Zweigen, außerdem fünf große weiße Rosen, 4 m weiß-goldenes Schleifenband und 4 dicke, champagnerfarbene Stumpenkerzen. Stecken Sie die Kerzenteller auf einen Halbkreis des Kranzes, und winden Sie das Schleifenband mehrmals um den Kranz, vor der rechten Kerze zur Schleife binden. Kürzen Sie die Rosen auf 5 cm Länge und stecken Sie sie in die zweite Kranzhälfte, sie können dort trocknen. Verzieren Sie den Kranz mit Engelhaar und kleinen Goldmotiven.

Tradition modern übersetzt

Die traditionellen Weihnachtsfarben Rot und Grün finden sich auch in diesem Kranz wieder, er besteht allerdings nicht aus Tannenzweigen, sondern ist aus Eichenblättern und Sternen aus gequilteten Stoffen gestaltet. Die Technik ist ganz einfach, und der Zeitaufwand ist auch gering.

Vielleicht legen Sie den Kranz auch lieber auf den Tisch, und stellen eine dicke Kerze hinein, die einen „Schal“ aus voluminösen Wollschnüren umgelegt bekommt.

Die Vorlage für die Blätter und Sterne finden Sie auf Seite 175, am einfachsten zeichnen Sie sie auf Butterbrotpapier durch und schneiden Sie aus. Für die Blätter können Sie kleine Reste verwenden, denn Vorder- und Rückseiten müssen nicht gleich sein. Schneiden Sie 18 Blätter und je 4 Sterne aus Stoff, 9 Blätter und 2 Sterne aus dickem Volumenvlies mit jeweils 0,5 cm Nahtzugabe zu. Bügeln Sie das Vlies auf die linken Stoffseiten, und legen Sie dann je zwei Blätter und Sterne rechts auf rechts aufeinander. Steppen Sie rundum die Nähte 0,5 cm breit und lassen Sie einen Schlitz zum Wenden offen. Die Blätter und Sterne bügeln, wenden, ausformen und erneut bügeln. Die Kanten und Blattrippen absteppen. Nun die Blätter und Sterne auf einen Drahtring mit 20 bis 25 cm Durchmesser leicht überlappend anordnen, und von der Rückseite her mit der Hand auf dem Ring festnähen. Mit einzelnen Knöpfen und Wollfäden dekorieren.

Stern mit Sitzplätzen

Der Stern besticht nicht nur durch seine ungewöhnlichen Materialien, sondern ist auch mit sieben Zacken nicht von der Stange zu haben. Das Heidekraut ist selbst gesammelt, aber natürlich können Sie auch einen oder zwei Erikastöcke oder Winterheide aus dem Garten verwenden. Für die Blätterranken müssen Sie allerdings eine Mühlenbeckie um einige Ästchen berauben, aber keine Sorge, die wachsen wieder nach. Und auch in getrocknetem Zustand behalten die Blättchen ihren Charme.

Um den Stern zu formen, benötigen Sie stärkeren Draht von der Rolle, der sich gut biegen lässt. Zuerst biegen Sie mit Hilfe einer Zange den Draht in dichtem Zickzack, die Länge der Schenkel beträgt 10 cm. Für diesen Stern wurden 7 Zacken geformt und zum Schluss eine halbe Zacke, die zur Verbindung mit der ersten dient. Ziehen Sie nun das Zickzack auseinander, und verbinden Sie Anfang und Ende, indem Sie die halbe Zacke über den Beginn der ersten wickeln. Nehmen Sie einen Essteller als Kreisform zu Hilfe, damit die inneren Zackenspitzen um diesen Kreis mit ungefähr gleichem Abstand ausgerichtet werden können. So formt sich auch der äußere Kreis.

Schneiden Sie nun etwa 5 cm lange Büschel vom Heidekraut ab, und binden Sie es mit dünnem silberfarbigem Bindedraht fest um die Sternform. Zum Abschluss locker Mühlenbeckieranken darüber legen und ganz locker mit dem Bindedraht umwickeln.

Fixieren Sie zwei farblich passende Vögel aus Glas mit bunten Federn oder auch kleine Weihnachtskugeln in passenden Farben an den Zacken des Sterns.

Weihnachtsmenü in Blau und Weiß

Tischläufer sind die moderne Alternative zur Tischdecke, außerdem verbinden Sie die gegenübersitzenden Tischnachbarn symbolisch miteinander. Die Farben Blau und Weiß sind frisch und trotzdem weihnachtlich durch den Norwegerstern, der mit einer Schablone aufgedruckt wird. Nähkünste sind nicht erforderlich, da der Wollfilz nur geschnitten wird. Wenn Sie statt Tischläufer lieber Tischsets verwenden, ist das auch kein Problem, auch diese gibt es schon fertig zugeschnitten. Filzläufer und Tischsets können Sie fertig zugeschnitten bestellen (siehe Bezugsquellen S. 176). Außerdem können Sie mit dieser Technik auch alte Tischläufer weihnachtlich gestalten, die Stofffarbe ist waschbar. Kopieren Sie den Stern von Seite 173 und kleben Sie die Kopie auf festen Karton. Schneiden Sie mit einem Cutter die Schablone auf einer Schneideunterlage aus. Legen Sie die Schablone auf den Filz und stupfen Sie mit einem Stupfpinsel weiße Stofffarbe auf. Am besten, Sie beginnen von der Mitte aus, so lässt sich die Verteilung schöner anordnen.

Sie können statt der lockeren Verteilung die Sterne auch auf einer gedachten Mittellinie in Reihe aufdrucken. Diese Art von Läufer eignet sich auch als schmückende Auflage auf den Stuhl. Achten Sie beim Abheben der Schablone darauf, dass die Farbe nicht verschmiert, und reinigen Sie die Unterseite der Schablone wiederholt mit Küchenpapier.

Künstliche Mistelranken sind in der Tischmitte zum Kranz gelegt, und mit glänzenden und matten silberfarbenen Weihnachtskugeln und Vögeln geschmückt. Stellen Sie sternenförmige Teelicht- und Kerzenhalter dazu, silberfarbene Sterne aus dem Dekobedarf in verschiedenen Größen liegen zwischen den Gedecken und Gläsern.

Nikolaus und Weihnachtsengel

Die Symbolik ist einfach, aber vielsagend. Ihre Kugelbäumchen auf dem Fensterbrett werden mit Stern und roter Zipfelmütze weihnachtlich als Engel und Nikolaus gestylt. Die Mütze ist aus einem roten Filzdreieck geklebt, die Maße dafür finden Sie auf Seite 172. Als Abschluss wird ein Streifen Teddyplüsch aufgeklebt. Der Pompon ist aus einem 10 cm großen Kreis, dessen Kanten mit Nähfaden zusammengezogen und an der Spitze festgenäht werden. Mütze aufsetzen und Stern einstecken, fertig stehen die beliebten Weihnachtsfiguren da.

Säckchen für Grünes oder Süßes

Die englische Kurzform für Weihnachten ist seit langem schon eingedeutscht, und schon Kinder wissen, dass sich in den Säckchen nicht nur Zweige verbergen werden. Die Beutel sind aus Filz genäht. Sind Sie nicht im Besitz einer Nähmaschine, können Sie sie sogar mit Textilkleber kleben. Die Buchstaben werden mit Vliesofix aufgebügelt und nach Wunsch abgesteppt. Sie benötigen pro Säckchen 50 x 30 cm Filz, für alle vier reichen 90 x 50 cm, da Sie die Schnittteile versetzt auflegen können. Nehmen Sie die Maße der Säckchen von der Schemazeichnung und die Vorlage für die Buchstaben auf Seite 173 – 175 ab. Fertigen Sie einen Papierschnitt an und legen diesen viermal auf den Filz. Die Buchstaben auf Vliesofix und Stoff übertragen, dabei beim „S" auf die linke Seite achten und ausschneiden. Vliesofix auf die Buchstaben und dann auf je einer Säckchenwand mittig auf eine Seite aufbügeln. Mit engem Zickzackstich nach Wunsch die Kanten steppen. Die obere Kante einmal 2 und dann 4 cm auf die Außenseite falten und bügeln. Die Bodenkanten nacheinander rechts auf rechts nähen, dann die Längskante mit gefaltetem Umschlag steppen. Für die Zweige Einmachgläser mit Wasser hineinstellen, mit Kugeln und Süßigkeiten dekorieren.

Nikolausstiefel als Adventskalender

Freuen Sie sich auch wie ein Kind jedes Jahr auf Ihren Adventskalender? Wenn ja, dann würde dieser aus 24 Nikolausstiefeln, die mit kleinen Wäscheklammern an einer Girlande oder einem senkrechten Tannenzweig aufgehängt sind, bestimmt Ihr erklärter Favorit werden. Falls nicht doch jemand Zahlen darauf schreibt, können Sie jeden Tag den Stiefel wählen, der Sie anspricht – eine kleine Überraschung birgt er in jedem Fall.

Kopieren Sie die Vorlage von Seite 173 – 175 und kleben Sie die Kopie auf einen dünnen Karton. Den Stiefel entlang der Kontur ausschneiden. Bekleben Sie mehrere 12 cm breite Filzstreifen auf einer Seite mit Vliesofix, auf die anderen Seiten bügeln Sie verschieden gemusterte Stoffe in Rot-Weiß.

Zeichnen Sie nun paarweiße spiegelverkehrt die Stiefel auf den Filz, und schneiden Sie sie aus. Legen Sie jeweils ein passendes Paar mit den Stoffseiten aufeinander, und nähen Sie die Stiefelkanten im Knopflochstich, Anleitung Seite 74, vom Punkt x aus durch alle Lagen zusammen. Dafür verwenden Sie eine spitze Stopfnadel und wollweißes Baumwollgarn.

Am Schaft angelangt, werden die Kanten offen bis zum Punkt x umnäht.

Das Garn an der Ferse etwa 15 cm lang abschneiden, zur Schleife binden und den Stiefel mit einer kleiner Holzwäscheklammer aus dem Spielwarenladen an den Zweigen festklemmen.

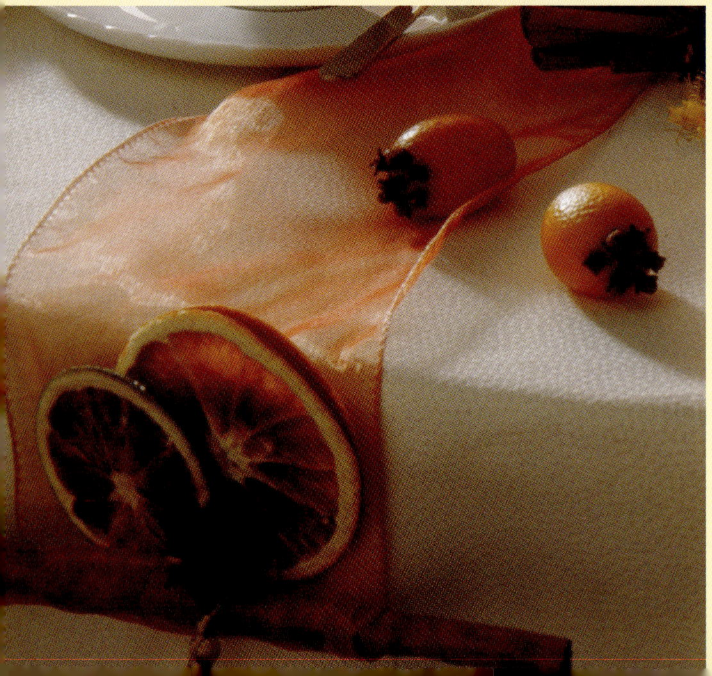

Tischdeko mit Gewürzduft

Die weihnachtlichen Gewürze Zimt und Anis und den Duft von getrockneten Orangenscheiben kann man fast riechen, sind sie doch unweigerlich mit der Vorweihnachtszeit verbunden.

Um dicke Kerzen werden Zimtstangen gestellt. Halt finden sie mit einem Gummiring, der mit einer Kordel abgedeckt wird.

In Perlenketten aus Draht, die spiralartig über dem Tisch verteilt sind, werden orangefarbene Sterne aus Filz eingehängt.

Mit Nelken gespickte Kumquats liegen auf-dem Tisch verteilt. Das Ende eines Tischbandes aus einer breiten Tüllschleife beschwert eine eingeklebte Zimtstange mit Orangenscheiben.

Von der Schale mit Zimtsternen hängen getrocknete Orangenscheiben, Zimtstangen und Sternanis herab. Hängen Sie die Gewürze und Scheiben an unterschiedlich lange Golddrähte, die Sie im Rand einer runden Tortenspitze einknoten. Besonders schön wirkt das Ganze, wenn die Tortenspitze vergoldet ist. Legen Sie die Tortenspitze auf die Mitte des Tellers, und beschweren Sie sie mit Zimtsternen. Aber Vorsicht, die könnten schnell wieder weg sein.

Üppig dekoriert ist der Tisch in Gold-Orange-Tönen. Auf der weißen Tischdecke liegt in der Mitte locker drapiert goldfarbener Gardinenvoile. Diesen können Sie günstig, oft als Gardine genäht, in Möbelmärkten kaufen. In der Mitte steht ein Teller mit Goldrand, auf dem viele Tannenzapfen liegen, die Sie mit Goldspray zum Leuchten bringen, goldfarbenes Engelshaar liegt locker darüber. Vergolden Sie eine trockene Orangenscheibe mit Nussgold, außerdem die Enden von einigen Zimtstangen. Legen Sie die Zimtstangen über Kreuz, und binden Sie eine großzügige Schleife mit langen Enden darum. Nun die Orangenscheiben zwischen die Stangen stecken.

Engelschar am Weihnachtstisch

Egal, wohin man auch schaut, überall tummeln sich Engelsflügel. Das ist die richtige Umgebung für ein elegantes Diner am Weihnachtsfeiertag. Vergessen Sie vor lauter Staunen über die himmlische Schar nicht zu essen, es wäre schade um die viele Mühe. Die Serviette ist mit champagnerfarbenem Satinband mehrmals umwickelt und eine Schleife gebunden, an der Flügel mit einer weißen Feder stecken.

Der beflügelte Kerzenleuchter wirkt wie von Engeln umflattert. Schneiden Sie die Flügel nach der Vorlage auf Seite 174 aus weißem Karton, fädeln Sie weißes Satinband durch die Löcher, und schieben Sie die Schlaufe über die Kerzen. Binden Sie das Band über dem Flügel zur Schleife.

Doppelflügel in verschiedenen Größen mit einer Schleife und einer Feder zieren die Stuhllehne. Weihnachtskugeln erhalten Stand durch einen Ring aus 1 cm hohem weißem Karton. Auf der Kugel sitzen zwei kleine Doppelflügel, ebenfalls mit Schleife und Feder dekoriert.

Das schlichte Windlicht wird zum Blickfang mit der Drahtspirale, die locker um den Rand hängt. Fädeln Sie silberne und goldene Perlen auf Silberdraht und wickeln Sie diesen um ein dickes Rundholz. Dann das Rundholz herausziehen und die Spirale leicht dehnen. Schütten Sie etwas silbernen Kerzensand in das Glas, und stellen Sie eine goldfarbene Kerze hinein.

Engel, wohin man schaut

Auch hier sind Engelsflügel das hervorstechende Dekorationsmittel. Die Wirkung ist jedoch vollkommen verschieden von der vorhergehenden Seite, da die Grundlage des Tisches eine weinrote Tischdecke bildet. Der starke Farbkontrast von Rot und Weiß, ausgeschmückt mit Gold, wirkt modern und weniger opulent als Weiß und Gold alleine. Die Serviette ist mit Satinband umbunden, die Enden werden durch die Löcher in den Engelsflügeln gesteckt und darüber gebunden. Kleben Sie unter beide Flügelhälften je eine große weiße Feder, sodass der Flaum gut hervorblitzen kann. Vorlagen für die Flügel finden Sie auf Seite 174.

Die Etagere in der Tafelmitte ist improvisiert, natürlich können Sie eine vorhandene verwenden. Bemalen Sie einen Tontopf mit ca. 15 cm Durchmesser und einen Rosentopf, der etwa höher ist und ebenfalls den gleichen Durchmesser hat, auf den Außenseiten mit weißer Acrylfarbe. Stellen Sie den Tontopf mit der offenen Seite nach unten auf den Tisch, darüber einen weißen Essteller. Nun den Rosentopf

ebenfalls umgedreht auf den Teller stellen und darüber einen weißen Kuchenteller. Falls Ihnen das zu wacklig erscheint, können Sie alles an den Topfrändern mit Heißkleber fixieren. Dieser lässt sich ganz leicht mit Wasser ablösen. Nun legen Sie viele goldene Kugeln um den Fuß und auf die Teller, dabei von unten nach oben kleinere Kugeln verwenden. Dazwischen schmücken Sie die Kugeln mit Flügeln und Federn nach der vorherigen Anleitung.

Aus Weihnachtskugeln werden Vasen für kurzstielige Rosenblüten, wenn Sie sie in einen Ring aus weißer Kordel stellen. Vorsichtig die Halterung der Kugeln herausziehen und Wasser in die Kugeln gießen. Nun noch ein Satinband um den Rosenstiel legen, die Enden durch die Flügel ziehen und zur Schleife binden.

Die selbst gebastelte „Einkaufstüte" aus weißem Transparentpapier wird hier zum Windlicht. Matt schimmert der Schein der Teelichter, die in Gläsern in der Tüte stehen. So vermeiden Sie, dass die Tüte leicht in Brand gerät und verhindern gleichzeitig das Umfallen. Für die Tüte wickeln Sie um ein dickeres Buch oder eine Schachtel gleicher Größe einen langen Streifen Butterbrotpapier. Schneiden Sie den Streifen so ab, dass er zwei Zentimeter zum Kleben überlappt. Falten Sie die obere Längskante 2 cm auf die Innenseite, und kleben Sie den Streifen zum Ring. Falten Sie Längskanten, wo die Kanten des Buches sind. Schieben Sie den Ring so weit überstehend nach unten, dass Sie wie bei einem Paket den Boden aufeinander falten können, mit Kleber fixieren. Drahthenkel mit Perlen oben einstecken und mit Flügeln verzieren.

Nikolaussäckchen mit Stickeffekt

Das Säckchen wirkt auf den ersten Blick, als wäre es aufwändig von Hand bestickt. Bei näherem Hinsehen entpuppt sich der Stickfaden als Plusterfarbe, die mit der Tube aufgetragen wurde, nachdem das Herz in Servietten-Technik, Anleitung Seite 28, aufgeklebt wurde. Und weil das so einfach ist, wurden noch weitere Herzen auf Karton mit der gleichen Technik gestaltet und anschließend ausgeschnitten. Sie hängen nun zur Zierde an den breiten roten Satinbändern, die den Sack mit einer großen Schleife verschließen.

Weihnachtskugeln selbst gemacht

Die Grundlage dieser drei Kugelarten ist eine Styroporkugel, auf der Bänder und Kordeln mit Stecknadeln fixiert werden. Für die oberste Kugel benötigen Sie Draht verstärktes Schleifenband in Rot-Gold und eine dicke goldene Kordel. Ziehen Sie den Draht auf beiden Bandseiten vorsichtig an, so rüscht sich das Band. Stecken Sie nun den Anfang des Bandes fest, darunter verstecken Sie gleichzeitig den Anfang der Kordel. Wickeln Sie das Band spiralenförmig um die Kugel, dabei immer wieder Nadeln einstecken. Über den Rand der Bänder die Kordel stecken.

Die mittlere Kugel ist rundum mit der goldroten Kordel dicht umwickelt, dabei Anfang und Ende der Kordel mit Kleber fixieren; in regelmäßigen Abständen Stecknadeln einstecken.

Bei der unteren Kugel ist Tüllband in lockeren Falten mit Nadeln festgesteckt. Stecken Sie die Nadeln durch die Falten. Zum Abschluss über die Kugel verteilt Sternpailletten mit Perlennadeln zwischen den Raffungen fixieren.

Kulinarische Geschenk-Dekos

Diese kleinen Geschenke können Sie nicht nur Ihren Freunden machen, gönnen Sie sie sich doch selbst. Sie sprechen gleich mehrere Sinne an, denn einmal erfreut die schöne Gestaltung der Verpackung das Auge. Beim Öffnen des Essig und Öls oder der Marmeladen erfährt die Nase nur Gutes, und beim Essen dürfen Sie ausschließlich genießen. So schlagen Sie viele Fliegen mit einer Klappe, und keiner merkt, dass die Geschenke sich im Handumdrehen realisieren lassen.

Waschen Sie zwei schön geformte Flaschen mit heißem Wasser aus, und lassen Sie diese gut austrocknen. Gewaschene und getrocknete Rosmarinstiele, Knoblauchzehe, Thymian und eine Chillischote in eine Flasche geben, und mit kalt gepresstem Olivenöl aufgießen. Über den Deckel weißes Japanpapier binden, und mit einer Schleife und Anhänger verzieren. Die zweite Flasche ist nach dem Auswaschen mit Estragonzweigen gefüllt und mit Weißweinessig aufgefüllt. Den Verschluss ebenfalls verzieren.

Bei den Marmeladengläsern wurde auf einen Trick zurückgegriffen, den aber sicher keiner bemerken wird. Wenn die Zeit für große Geschenke fehlt, darf ruhig auch mal etwas Gekauftes verwendet werden. Wichtig ist der Sinn des Schenkens, vor allem, wenn das Geschenk so liebevoll präsentiert wird. Kaufen Sie je ein Glas Kiwi- und Ananasmarmelade und drei schöne Gläser. Schichten Sie nun abwechselnd Ananas- und Kiwimarmelade ein, und verschließen Sie die Gläser. Als Abdeckung karierten Stoff mit der Zackenschere schneiden, und mit einem Band umbinden. Einen Anhänger aus Karton schneiden und beschriften.

Ein Muffin wird weihnachtlich dekoriert überreicht. Schneiden Sie aus einem dünnen rot-goldenen Kartonstreifen, der um den Muffin reicht, an einer Seite Zacken heraus. Die Enden aufeinander kleben und mit goldenen Klebesternen verzieren Mit Zuckerguss, getrockneten Cranberries und Schokoblättern verzieren.

Orientalisches Fest zum Jahresschluss

Am letzten Tag des Jahres können Sie noch einmal so richtig die Fest- und Feierlaune genießen und den Abend mit einem orientalischen Fest begehen. Schwelgen Sie in Farben wie Rot, Pink, Violett und Gold. Die Tafel darf sich unter der Last des Essens und auch der Dekoration biegen, kombinieren Sie nach Herzenslust. Verhüllen Sie eine Schale mit Fuß mit violettem Stoff, am besten nehmen Sie dafür Faschingsseide, die schön glänzt. Legen Sie den Stoff über die Schale, raffen Sie sie am Fuß mit einer Goldkordel zusammen, und stecken Sie

die Enden unter dem Fuß fest. Vergoldete Mohnkapseln liegen zusammen mit Gastgeschenken, die wie Bonbons farbenfroh verpackt sind, auf der umhüllten Schale.

Tee- oder Kaffeetassen, die traditionell zum orientalischen Essen gehören, erhalten vergoldete Tortenspitze als Untersetzer. Kleine Schälchen, die mit süßen und salzigen Knabbereien gefüllt werden, werden ebenfalls mit Stoffen verhüllt. Bekleben Sie dafür den Boden und die Innenwand mit doppelseitigem Klebeband, stellen Sie die Schale auf die Stoffmitte, und ziehen Sie den Stoff nach oben und innen. Den Stoff in passender Größe zurechtschneiden, zur Abdeckung eine goldene Tortenspitze hineinlegen. Kleine Backförmchen werden vergoldet, mit Kaffeebohnen aufgefüllt und ein Teelicht hineingestellt. Die Servietten sind mit einer goldenen Mondsichel und einer Goldkordel geschmückt, auf dem der Name steht.

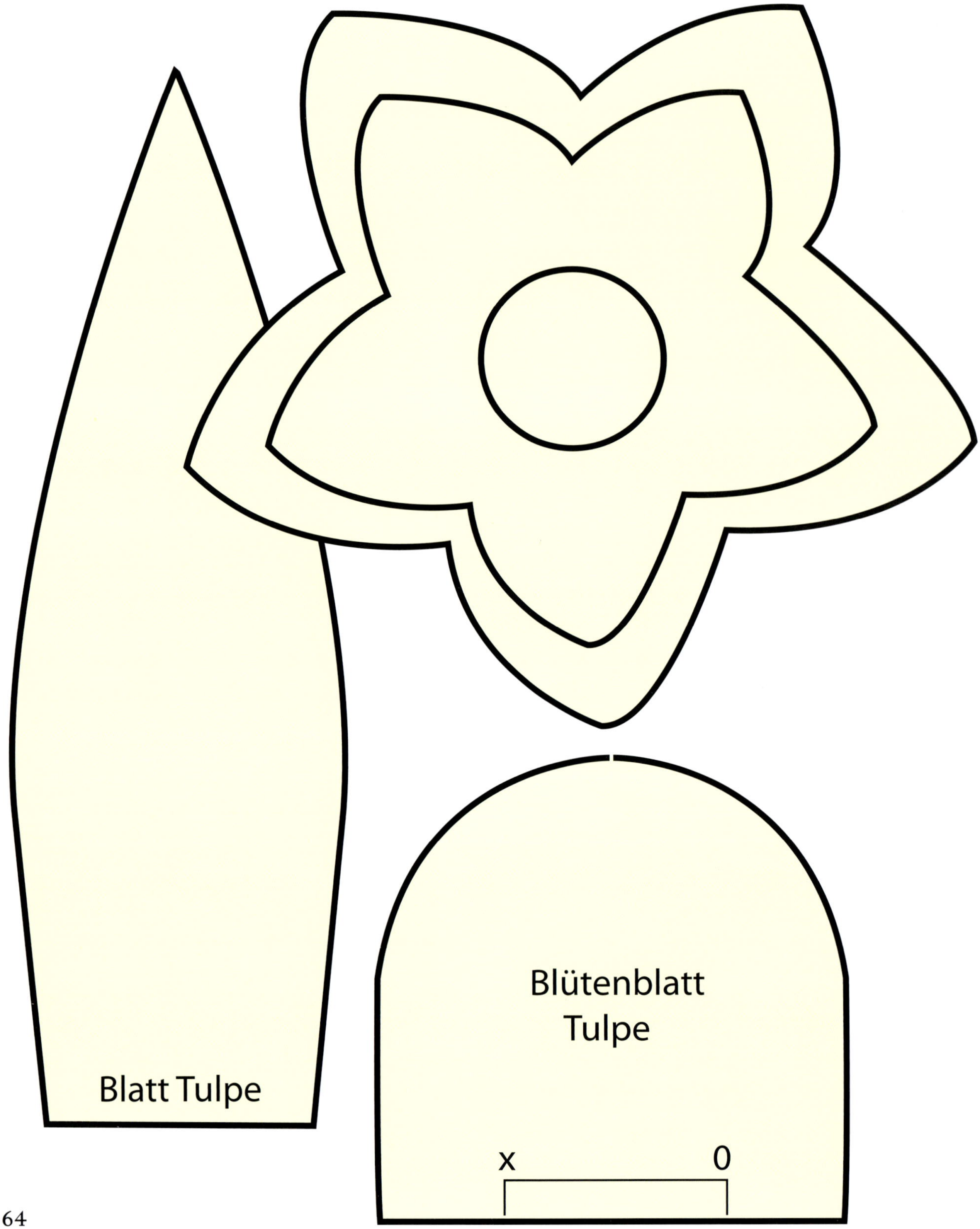
Blatt Tulpe
Blütenblatt
Tulpe
x
0

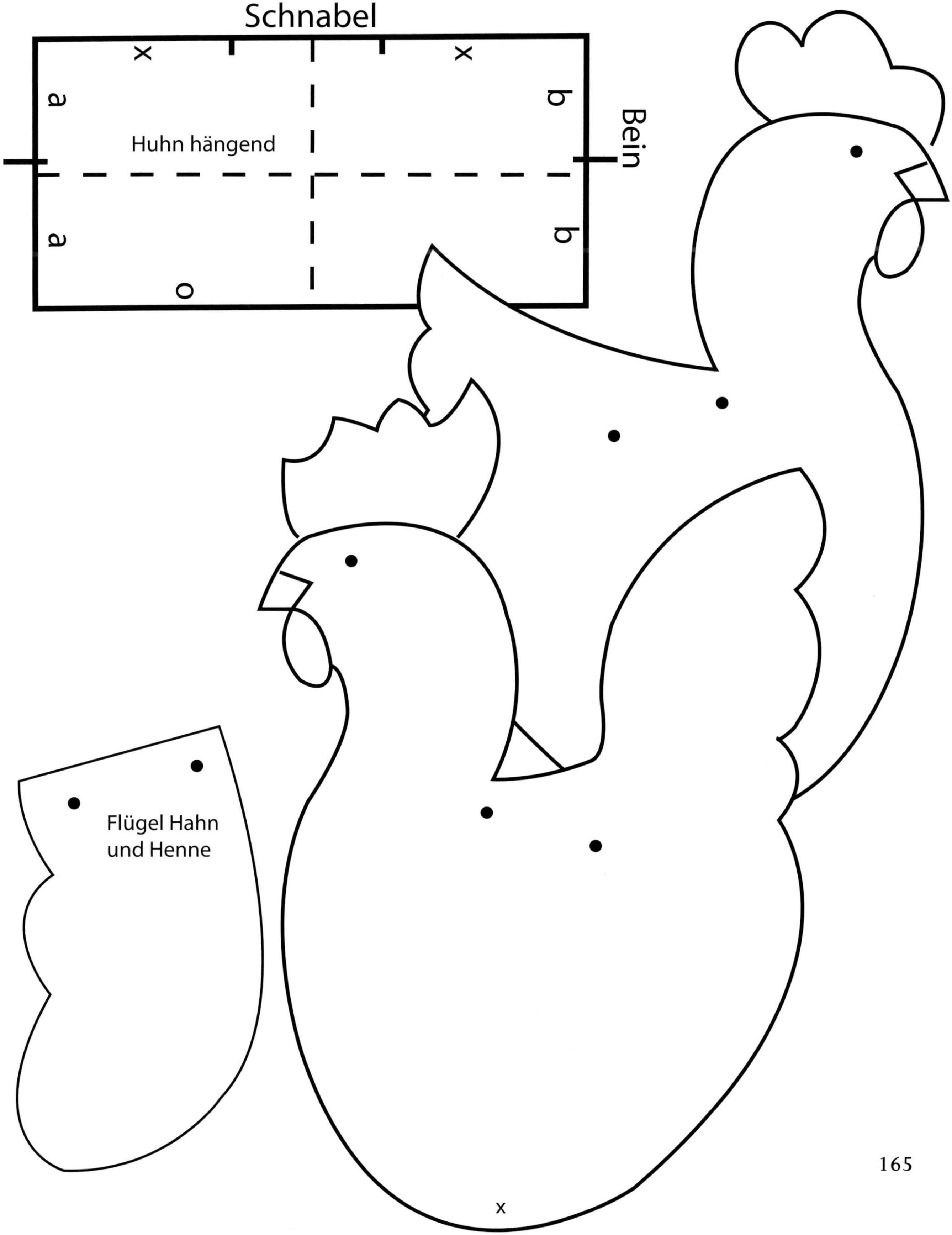
Schnabel
x
x
a
b
Bein
Huhn hängend
Bein
a
b
o
Flügel Hahn
und Henne
x

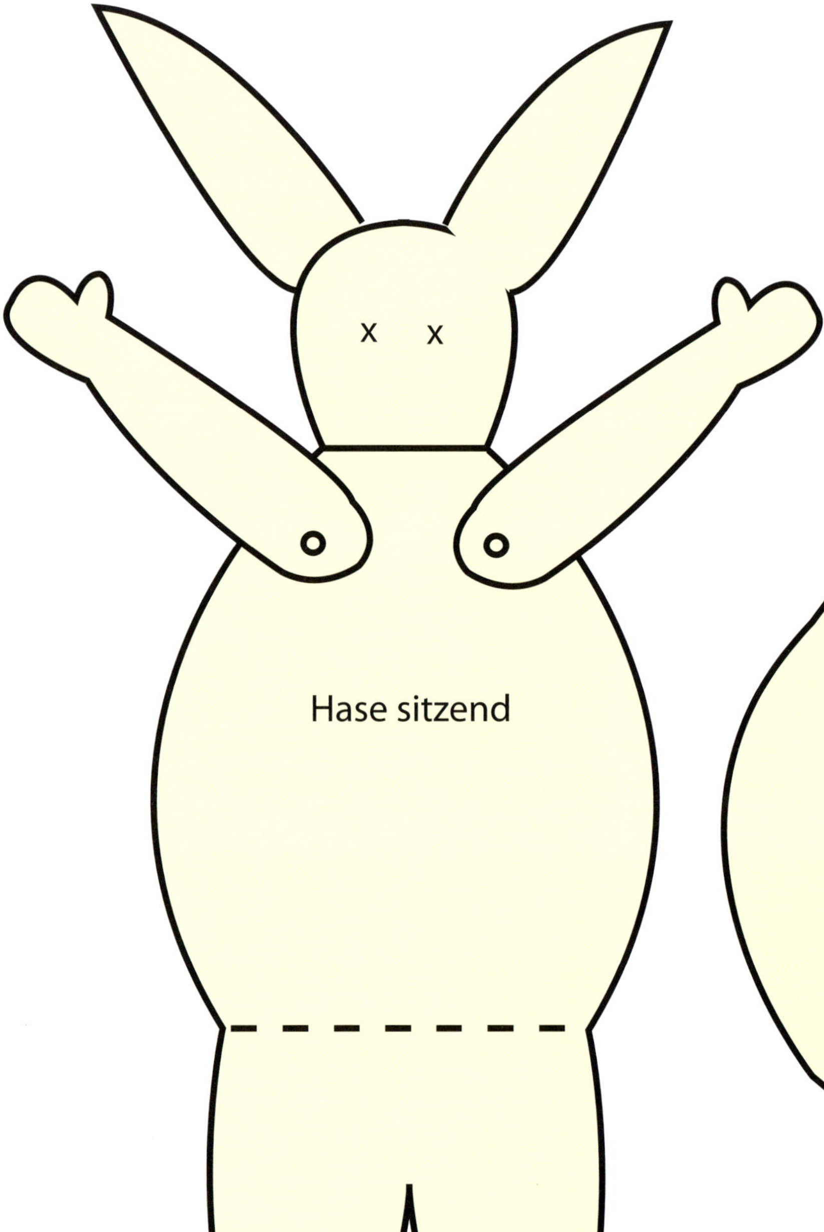
Hase sitzend

Hase stehend

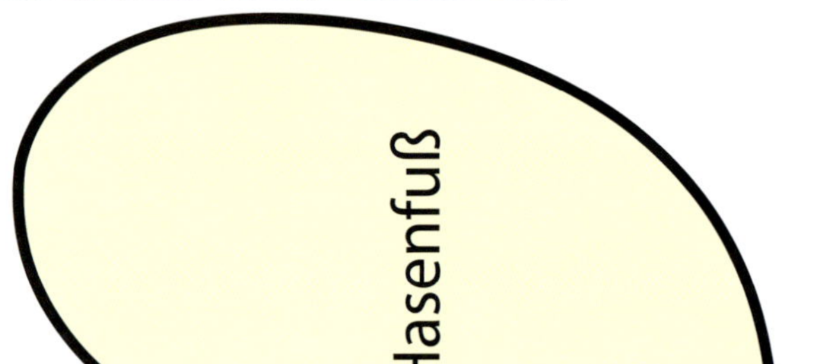
Hasenfuß

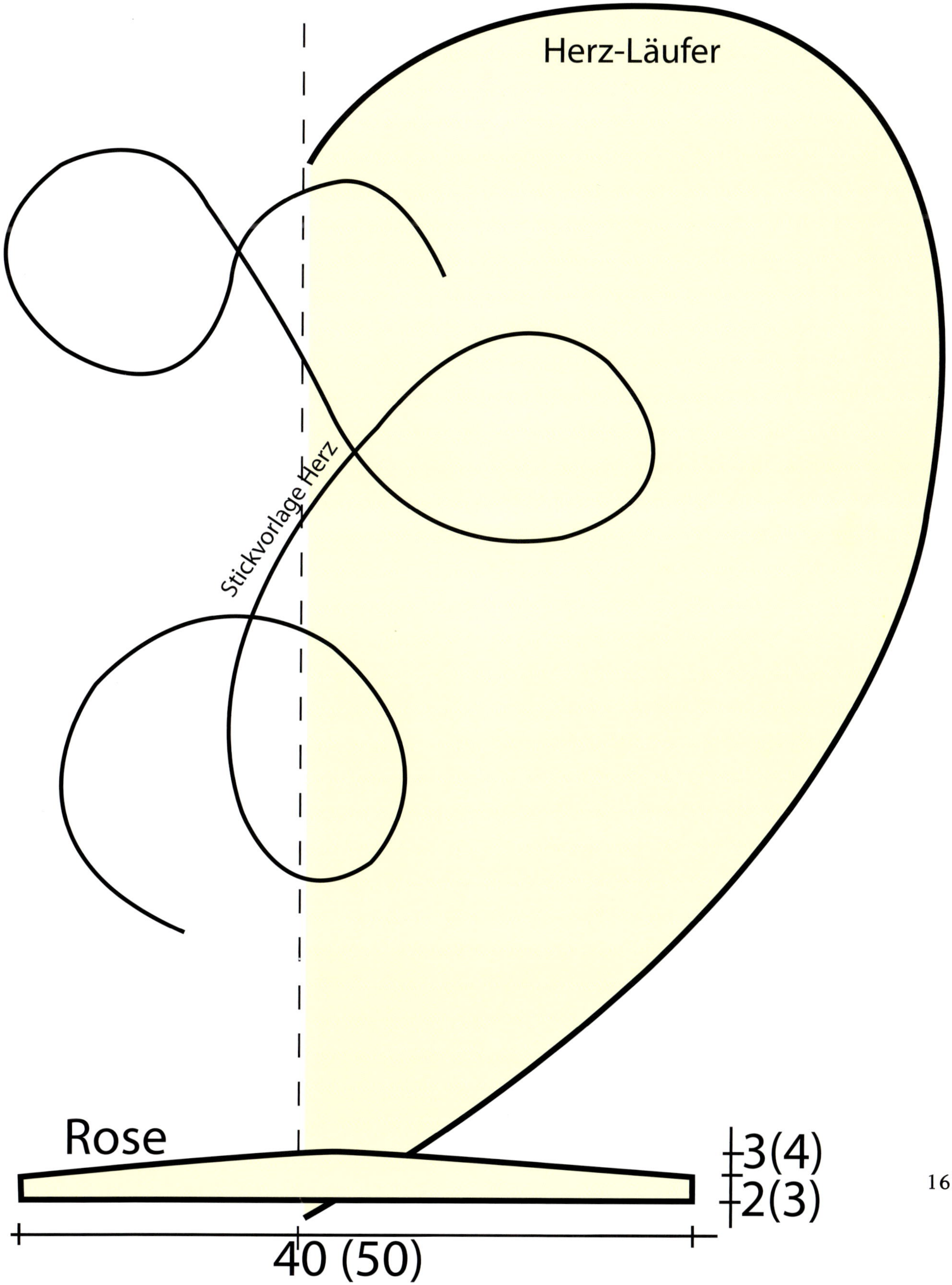
Herz-Läufer
Stickvorlage Herz
Rose
3(4)
2(3)
40 (50)

Herzgirlande

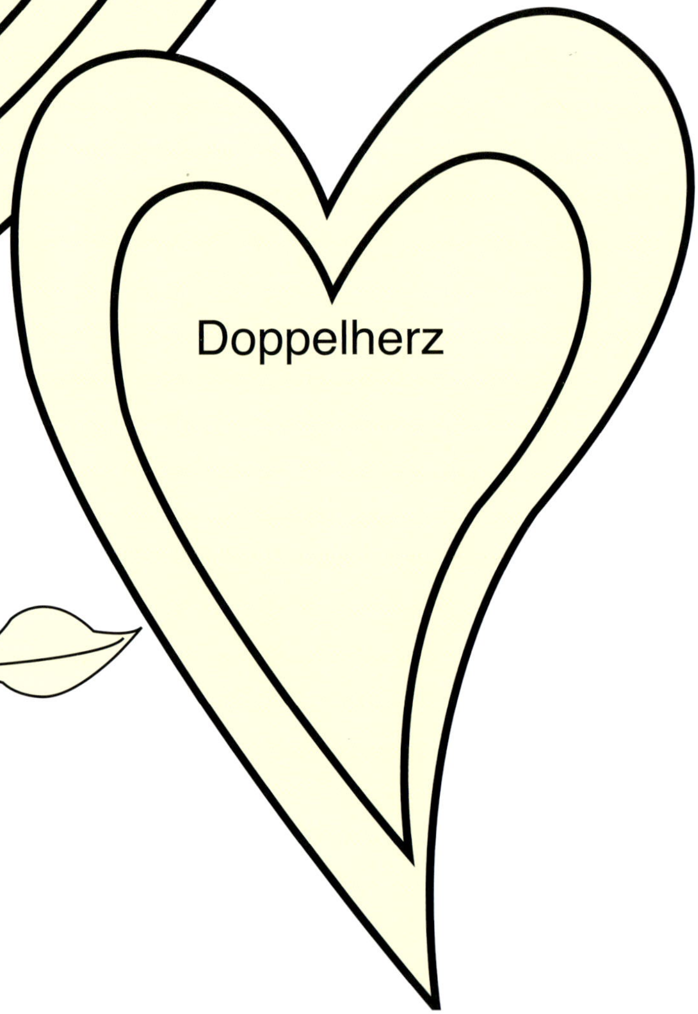
Doppelherz

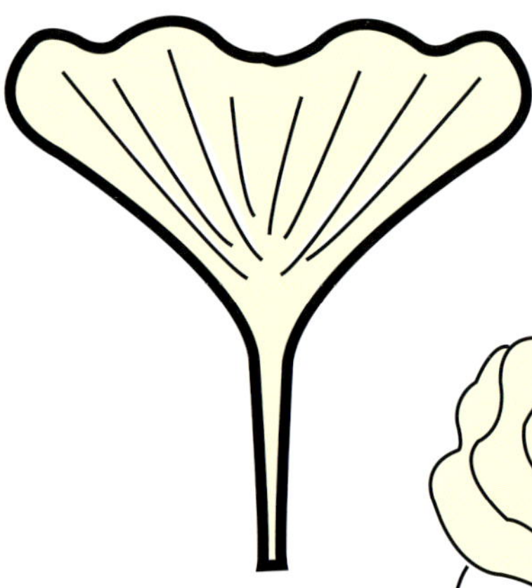

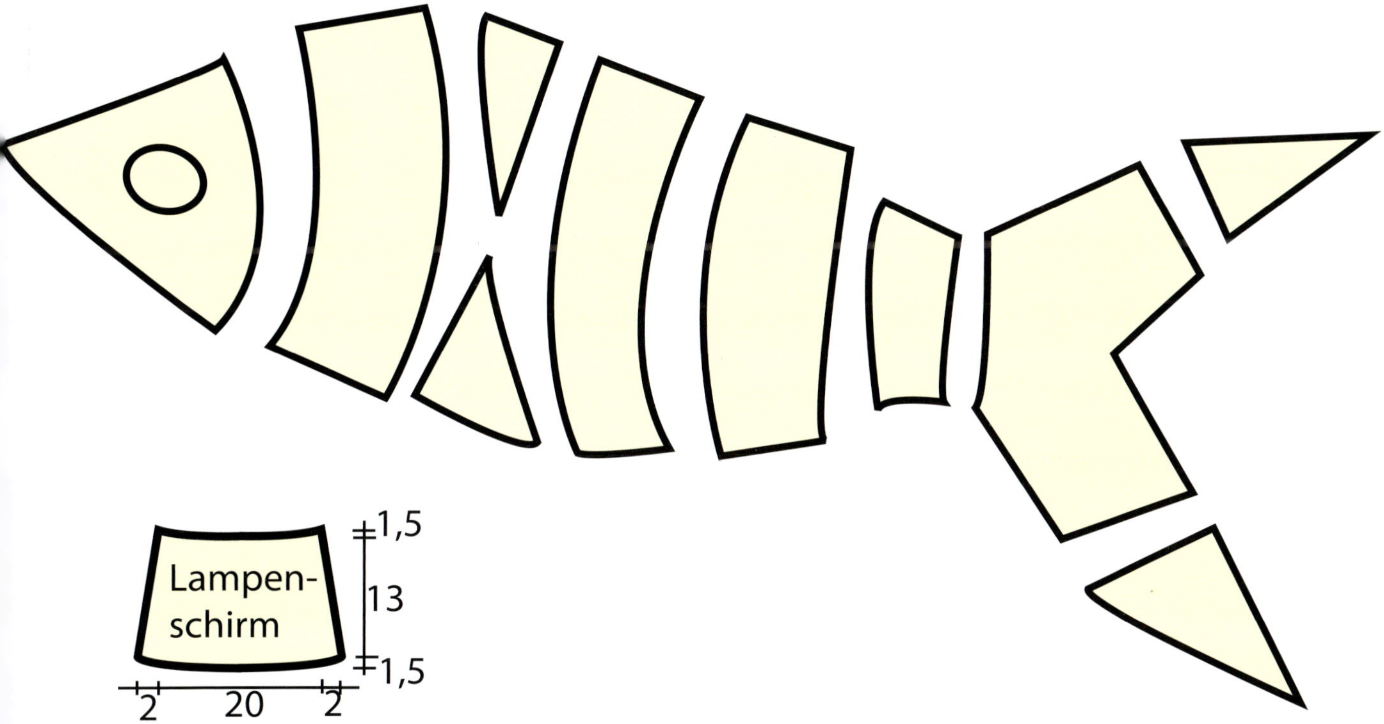
Lampen-
schirm
1,5
13
1,5
2
20
2

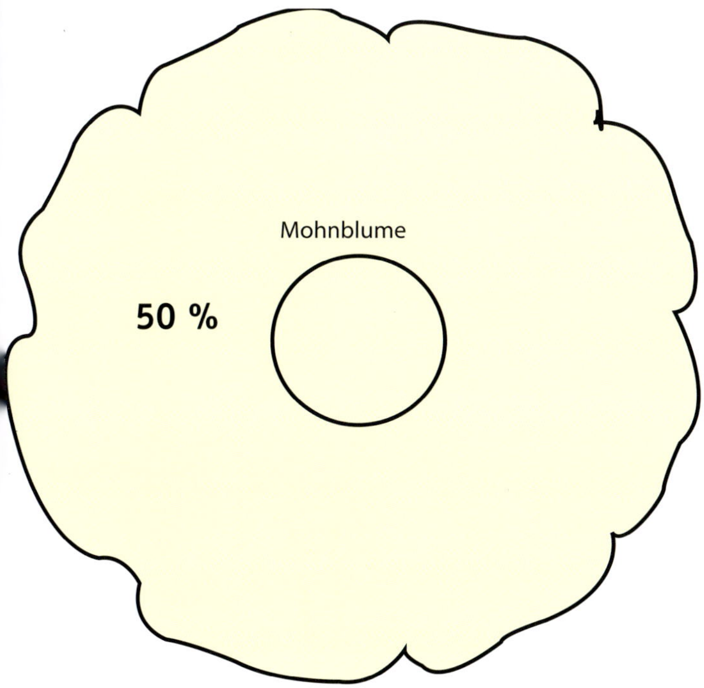
Mohnblume
50 %

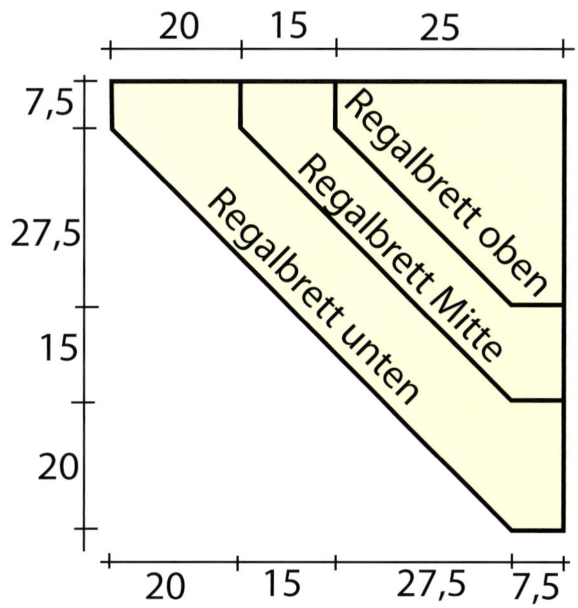
20
15
25
7,5
27,5
15
20
Regalbrett oben
Regalbrett Mitte
Regalbrett unten
20
15
27,5
7,5

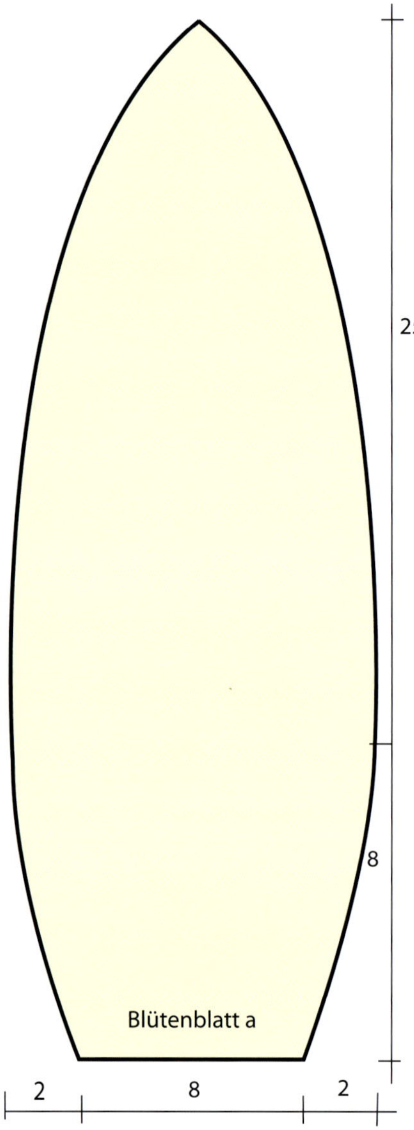
2
8
Blütenblatt a
2
8
2

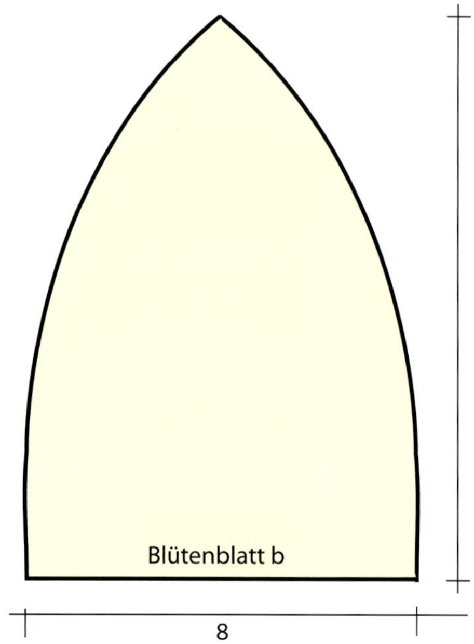
Blütenblatt b
8

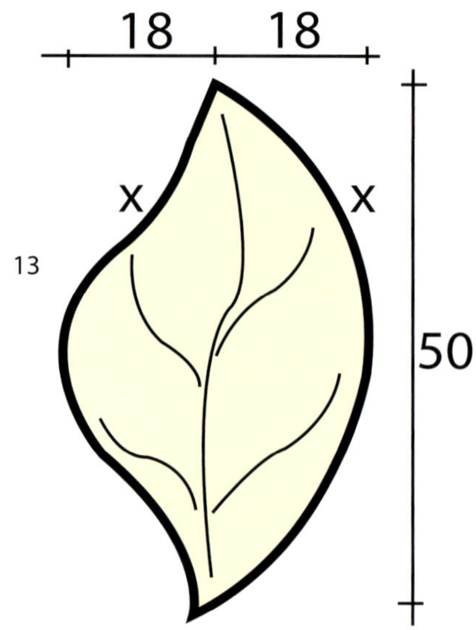
13
18
18
x
x
50

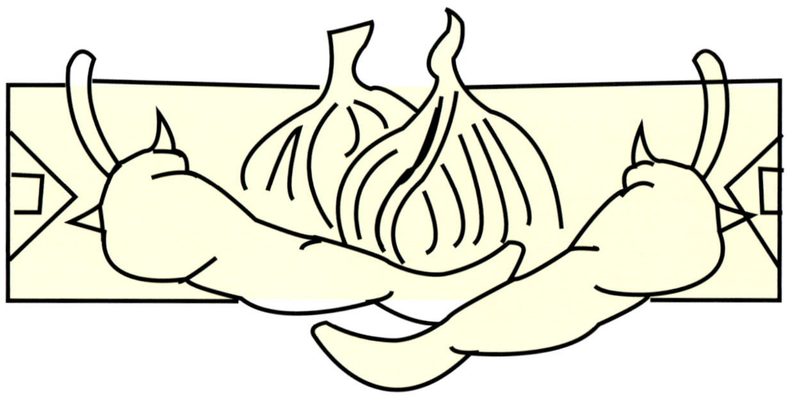

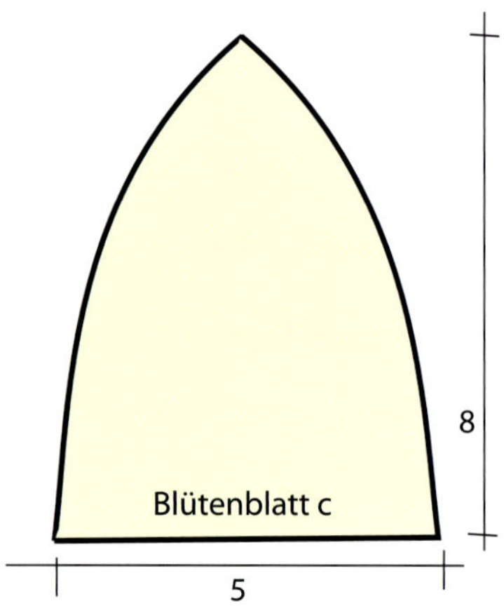
8
Blütenblatt c
5

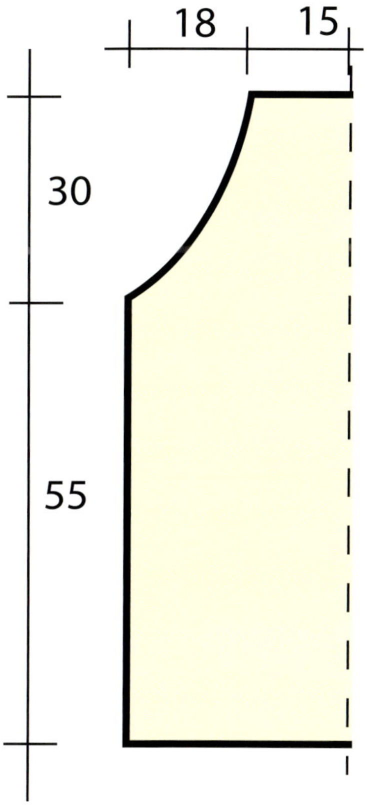
18
15
30
55

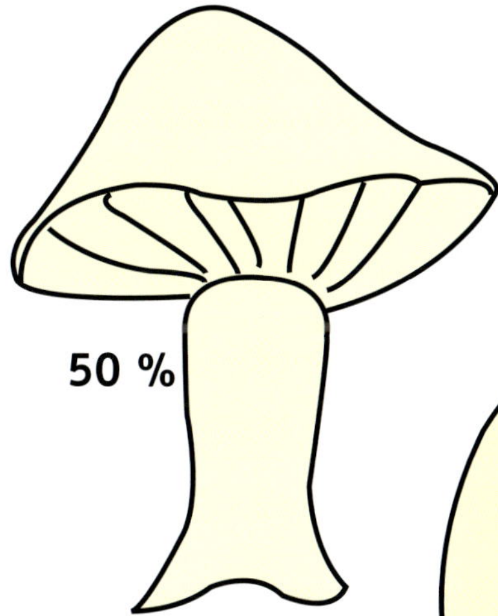
50 %

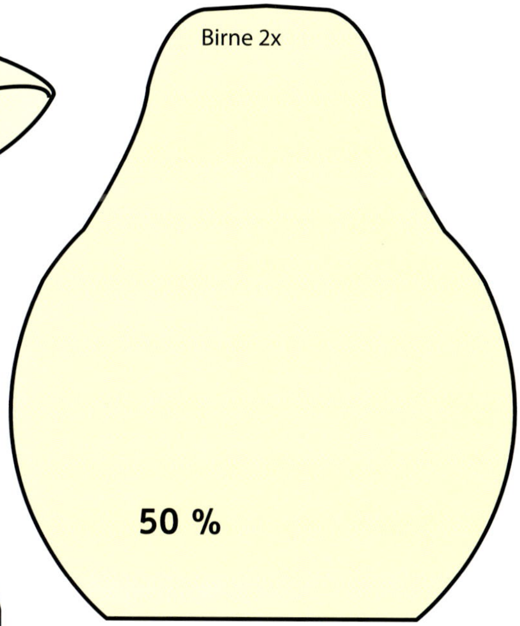
Birne 2x
50 %

50 %

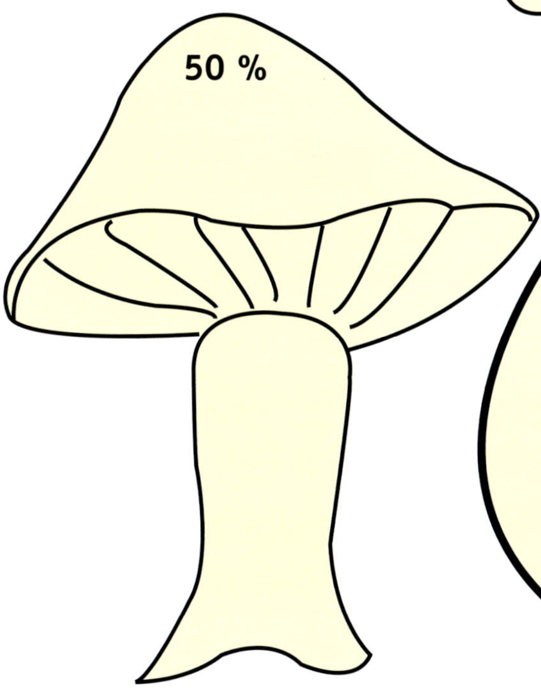
50 %

Blatt Birne
Blatt Rose

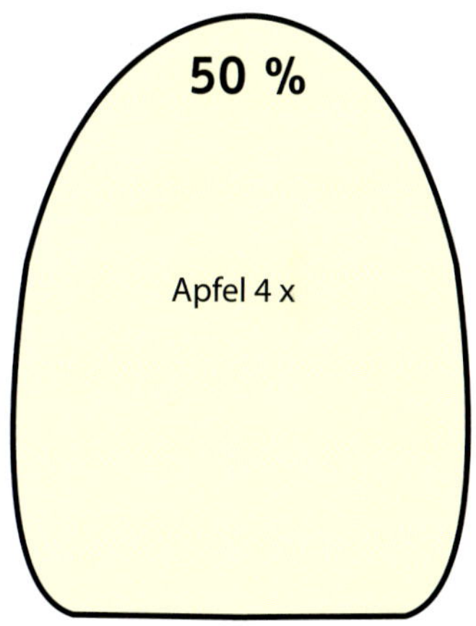
50 %
Apfel 4 x

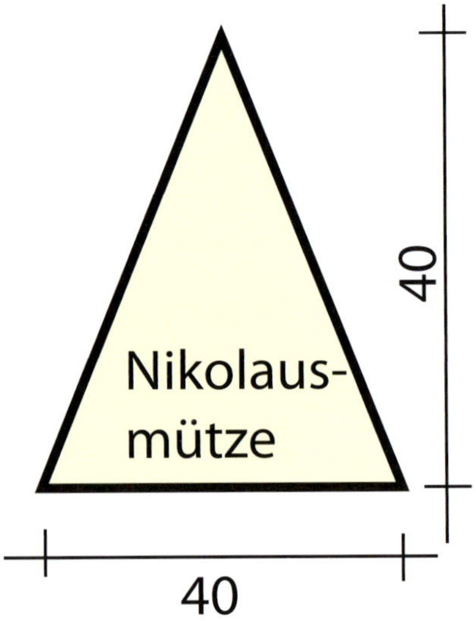
Nikolaus-
mütze
40
40

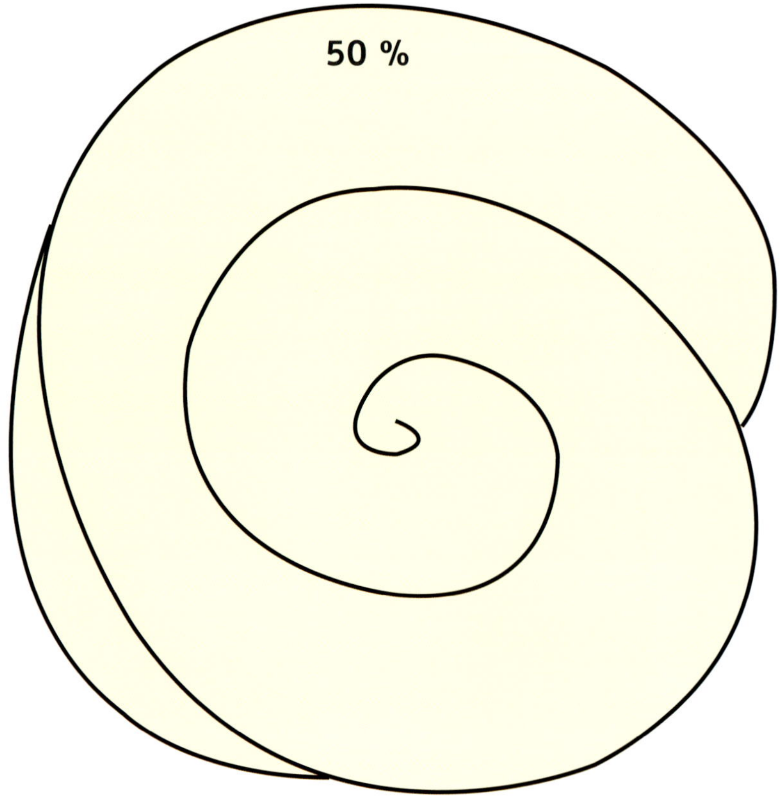
50 %

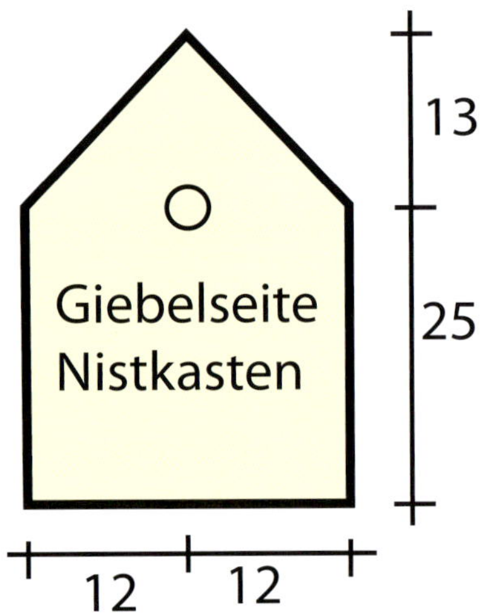
Giebelseite
Nistkasten
13
25
12
12

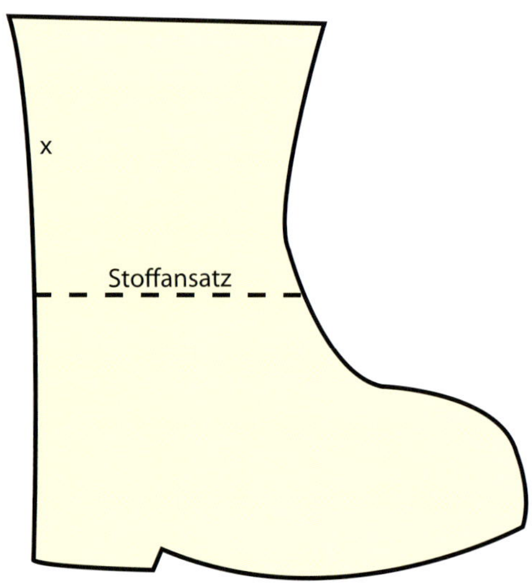
x
Stoffansatz

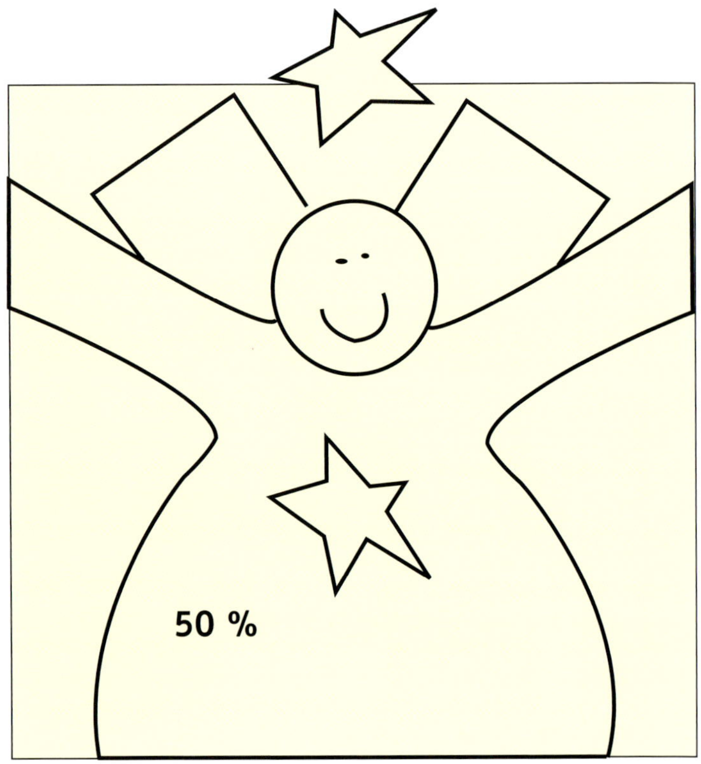
50 %

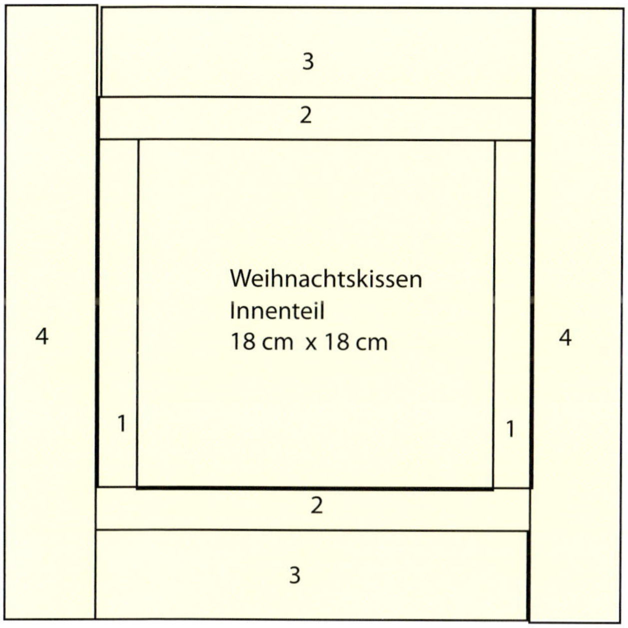

1 = 18 cm x 3 cm
2 = 24 cm x 3 cm
3 = 24 cm x 6 cm
4 = 36 cm x 6 cm

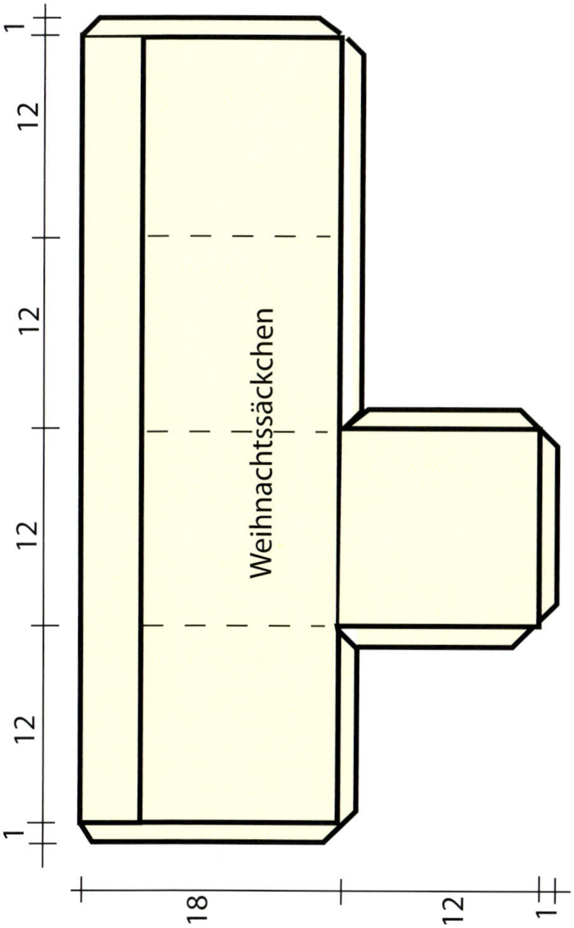

Alle mit „50 %“ bezeichneten Vorlagen am Kopierer mit 141 % vergrößern. Alternativ finden Sie die Vorlagen auch noch einmal in Originalgröße auf den Transparentbögen.

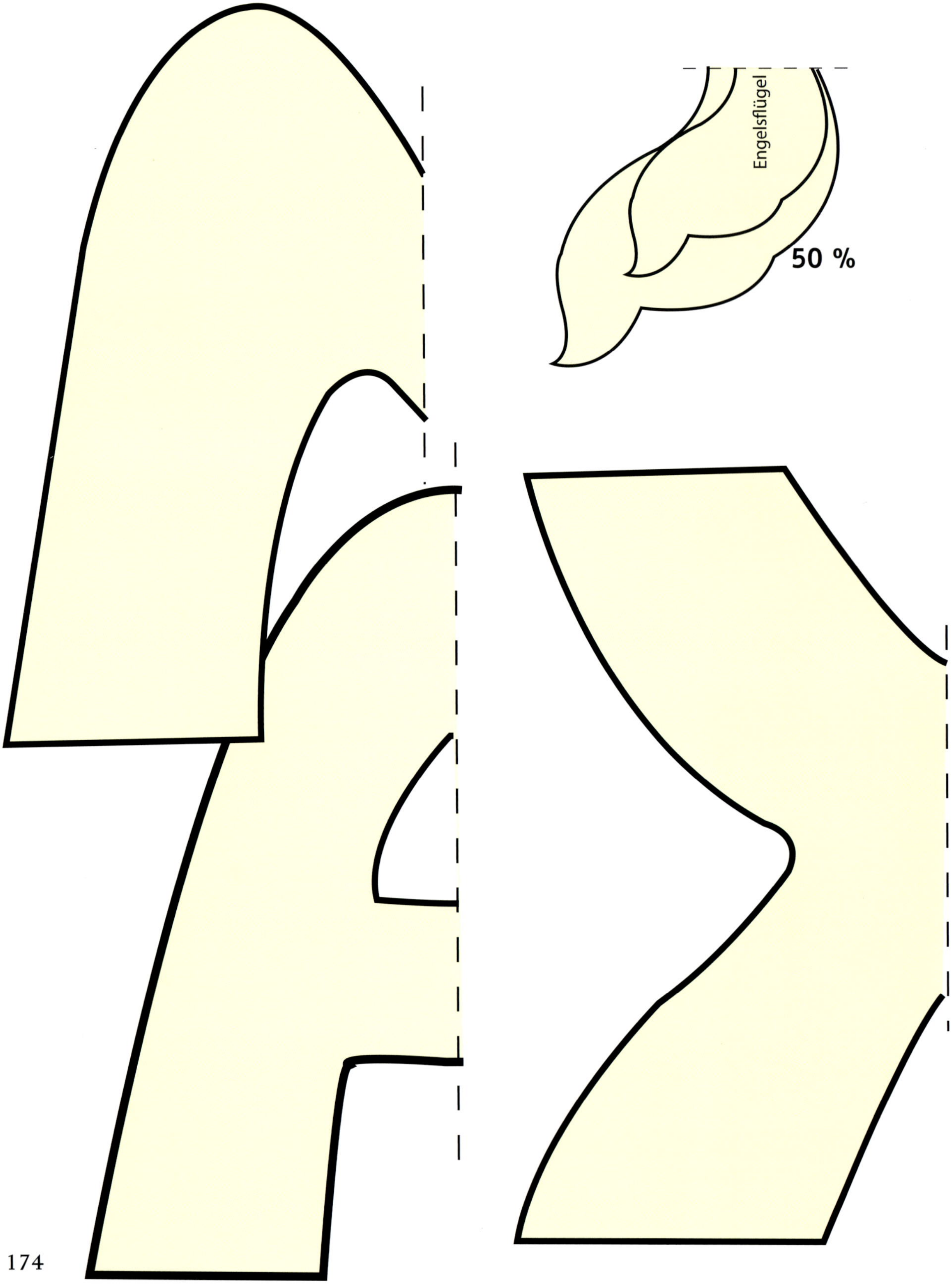
Engelsflügel
50 %

Anleitungen

Herstelleradressen

Filze: Johanna Daimer

Patchcreationen: Carola Daniel

Stoffe: Quilt u. Textilkunst Christine Köhne

Möbel und Deko: Car-Selbstbau Möbel

Blumen: Barbara Schulte